Roland Gerth, der diesen Band bebildert hat, ist als Fotograf zwar in der ganzen Welt unterwegs, liebt die Provence aber ihrer intensiven Farben wegen besonders.

Rita Henß lebt als freie Autorin in Frankfurt und verbringt ihre Ferien regelmäßig in der Provence.

Liebe Leserinnen, liebe Leser!

Endlos erscheinende duftende Lavendelfelder, sich im Wind wiegende Sonnenblumen, rot leuchtende Mohnwiesen, tiefe Schluchten, die Camargue mit ihren Salzsümpfen und Stränden – die Provence ist eine Landschaft der Kontraste, eine Region, die alle Sinne anspricht und eines der attraktivsten europäischen Reiseziele.

Architektonische Highlights ...

Und das nicht nur wegen der zauberhaften Natur. Im Hinterland sind viele malerische Dörfer zu entdecken, begeben Sie sich östlich von Avignon auf Entdeckungsreise, vor allem in der Vor- und Nachsaison sind Sie weitgehend mit sich und der Idylle allein. Wahre Highlights sind zudem der mächtige Papstpalast in Avignon, die römischen Hinterlassenschaften in Orange und Arles oder die Paläste aus dem 17./18. Jh. in Aix-en-Provence. Eine meiner persönlichen „Lieblingssehenswürdigkeiten" ist die Zisterzienserabtei Le Thoronet. Sollten Sie sie in ihre Reiseplanung einschließen, dann müssen Sie unbedingt das Buch „Singende Steine" von Fernand Pouillon lesen. Es erzählt vom Bau der romanischen Abtei und vom entbehrungsreichen Leben der Mönche. Noch heute liegt Le Thoronet ganz abgeschieden, hier kann man gut von mittelalterlichen Zeiten träumen (ohne sie herbeizuwünschen!!).

... und kulinarische Genüsse

In kulinarischer Hinsicht ist die Provence ein wahres Paradies. Kaum irgendwo sonst in Frankreich gibt es so viele Spitzenrestaurants. Und das Schöne ist: Viele Top-Häuser unterhalten neben ihren hochpreisigen Edelrestaurants auch preisgünstigere Bistros, in denen man ebenfalls hervorragend speist. Mit dem Sternekoch Edouard Loubet hat unsere Autorin Rita Henß ein aufschlussreiches Interview geführt. Bei ihm kann man sich nicht nur mit feinsten Speisen verwöhnen lassen, sondern kann die eigenen Fähigkeiten bei einem Kochkurs auch gleich verbessern (S. 44 ff). Nur eines sollten Sie nicht tun, Seeigel genießen, die sind in ihrem Bestand nämlich ernsthaft bedroht (s. S. 60 f.).
Herzlich Ihre

Birgit Borowski
Programmleiterin DuMont Bildatlas

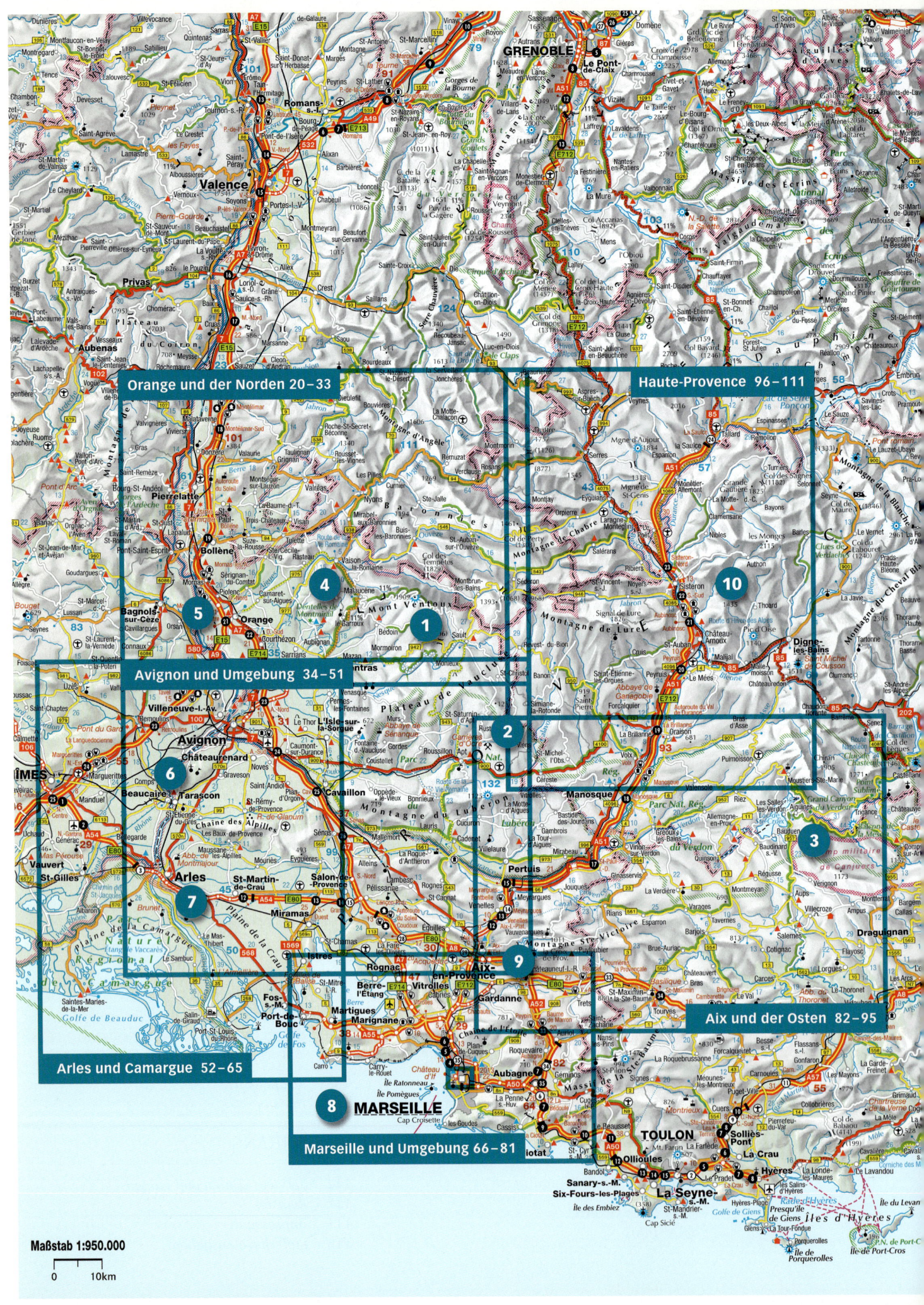

Orange und der Norden 20–33

Haute-Provence 96–111

Avignon und Umgebung 34–51

Arles und Camargue 52–65

Aix und der Osten 82–95

Marseille und Umgebung 66–81

MARSEILLE

Maßstab 1:950.000

0   10km

Topziele

Die bedeutendsten Ziele in der Provence auf den Gebieten Kultur und Natur haben wir hier für Sie zusammengestellt. Auf den Infoseiten ist das jeweilige Highlight mit ▶ TOPZIEL gekennzeichnet.

KULTUR

4 Vaison-la-Romaine
In dem Ort breiten sich die römischen Ausgrabungen in ganzen Vierteln aus: Tempel, Reste einer Therme, Villen.
Seite 32

5 Antike Kulisse in Orange
Schon bei der Einfahrt in die Stadt beeindruckt der große Triumphbogen aus der Römerzeit, in der Stadt sind es die hohen Ränge des antiken Theaters.
Seite 33

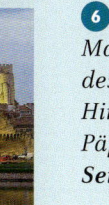

6 Papstpalast in Avignon
Massiv recken sich die grauen Mauern des Papstpalastes in Avignon in den Himmel. Über Jahrzehnte hatten die Päpste hier ihr Exil.
Seite 49

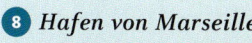

7 Arena in Arles
Das große Rund der Arena ist eindrucksvoll – sie bot einst mehr als 20 000 Zuschauern Platz.
Seite 64

8 Hafen von Marseille
Am Alten Hafen, wo sich Restaurants und Läden angesiedelt haben, macht sich ein städtebaulicher Umbruch bemerkbar.
Seite 79

NATUR

1 Mont Ventoux
Der höchste Berg der Provence ist kahl auf seinen Höhen, oft windumtost.
Seite 32

9 Aix-en-Provence
In der Stadt mit der freundlichen Atmosphäre haben sich zwischen alten Palais Cafés angesiedelt, in denen man die Zeit verstreichen lassen kann.
Seite 93

2 Farbspiel in den Ockerbrüchen
Bei einem Spaziergang durch den Colorado de Provence wird erst klar, wie viele Gelb- und Rottöne existieren.
Seite 50

10 Sisteron
Die Lage von Sisteron ist außergewöhnlich: Die Altstadt breitet sich unterhalb eines hoch aufragenden Felsens an der Durance aus.
Seite 109

3 Gorges du Verdon
Tief haben sich die Schluchten ins Tal eingeschnitten, sie ziehen Paddler, Wildwasserfahrer und Kletterer an.
Seite 95

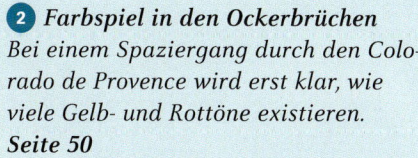
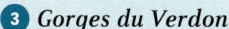

IM SCHATTEN MÄCHTIGER MAUERN

Der Papstpalast von Avignon – machtvoll demonstriert er noch heute die Bedeutung, die er als Exilresidenz der Päpste einst besaß. Seine gigantischen Ausmaße sind erst zu ermessen, wenn man die großen Räume durchschreitet. Bei einem Café au lait auf dem Platz vor den Mauern lassen die Besucher den Festungscharakter auf sich wirken.

DIE BLICKE STETS NACH OBEN!

Ein Geheimtipp sind die Gorges du Verdon nun wahrhaftig nicht mehr. Extremkletterer aber finden mit Sicherheit einen Platz für sich an den steil aufragenden Wänden der Schlucht. Für weniger Geübte halten die Gorges du Verdon auch etwas leichtere Passagen bereit – und alle anderen werden vom Wasser aus bewundernde Blicke in die Höhe senden.

BAUKUNST IN LILA FELDERN

So schön kann Schlichtheit sein. Noch dazu, wenn blauviolette Lavendelfelder einen so wunderbaren Kontrast zum Mauerwerk schaffen. Als Zisterzienserbauwerk zeichnet sich die Abtei von Sénanque durch klare Formgebung und Gestaltung und durch ihre harmonischen Proportionen aus.

AUF KÜNSTLER- UND LITERATENSPUREN

*Die Brücke von Arles – mancher wird sie eher aus einem Gemälde von Vincent van Gogh kennen als von einem Besuch
vor Ort. Der Maler hat das Motiv mal mit Wäscherinnen am Flussufer belebt, mal mit einer Dame mit Regenschirm. Immer
wieder trifft man in der Provence auf Spuren von bildenden Künstlern oder auch von Schriftstellern wie Jean Giono.*

WELTOFFENES MITEINANDER

Marseille gilt vielen als Inbegriff der mediterranen Hafenstadt. Fischerboote und Jachten legen hier an und ab sowie Kreuzfahrtschiffe, das Leben rund um den Hafen gestaltet sich entsprechend vielfältig. Immigranten aus aller Welt prägen ganze Stadtviertel, und die Politik ist gefragt, für ein gutes Miteinander zu sorgen. Mit Großprojekten bemüht sich die zuletzt für das Kulturhauptstadtjahr 2013 herausgeputzte Stadt, auch baulich mitzuhalten.

BUNT UND VIELFÄLTIG

Fein oder deftig kann sich die Küche der Provence geben, traditionell oder innovativ. Gewürze spielen dabei in jedem Fall eine wichtige Rolle. So manches einfache Gericht erfährt durch die Fantasie eines Sternekochs neue Spritzigkeit – auch er wird die Zutaten dafür auf einem der heimischen Märkte wie hier in Saint-Saturnin-lès-Apt finden.

Antike vom Feinsten

Einem leisen Versprechen gleicht die Provence in ihrem nördlichsten Teil: mit einer ersten Ahnung der späteren Fülle. Festungsdörfer thronen über den Ebenen, die fruchtbare Erde birgt Trüffel, sie lässt Ölbäume gedeihen, der Lavendel bedeckt die Erde leuchtend violett. Das weiße Spitzenband der Dentelles de Montmirail eint Rebengrün und Himmelsblau, und so majestätisch wie Orange von der Römerzeit kündet der Mont Ventoux von den Voralpen.

Wie ewiger Schnee schimmert die kalkige Gipfelkuppe des höchsten Berges der Provence, des Mont Ventoux.

Im Norden der Provence erhellen imposante Zeugnisse der Antike den römischen Alltag noch heute, in Vaison-la-Romaine wie in Orange. Der UNESCO schienen vor allem der Triumphbogen (unten) und das Amphitheater (rechs) von Orange, das unter der Regentschaft von Kaiser Augustus errichtet wurde, als unbedingt schützenswert.

Süße Spezialität aus Montélimar

In den großen Kupferkesseln wird aus Lavendelhonig, Zucker und Eischnee jener Sirup gerührt, der die Basis für die berühmte weiße Spezialität der Stadt bildet.

Die Männer, die bei Arnaud Soubeyran diese Aufgabe übernehmen, scheinen auch Künstler des Worts zu sein. „Nous gars tendres" *(nugatandre)* – zu Deutsch: wir weichen Kerle, lautmalerisch aber auch „weiches Nougat" – steht auf ihren T-Shirts geschrieben. Von „nux gatum" (Kuchen mit Nüssen), so heißt es, habe die Spezialität ihren Namen und ihre Wurzeln seien griechisch-römisch oder arabisch-orientalisch. Wie dem auch sei: Bereits im Mittelalter kannte man in der Provence die süße Leckerei. Aber erst im 16. Jahrhundert avancierte Montélimar als wichtige Poststation auf dem Weg in den Süden zur Produktionsmetropole. Später siedelten sich die Nougatiers um den Bahnhof an, und beim Aufkommen des Automobils rückten die damals rund 100 Fabri-

Leckerei in Form eines Meilensteins

kanten nahe an die Durchgangsstraße. Aus dieser Blütezeit des Montélimarer Nougats stammen bis heute manche Verpackungen, die einem „Meilenstein" gleichen.

Was heute von den verbliebenen Nougatiers im Ort auf große Bleche gestrichen und später in mundgerechte Würfel geschnitten wird, enthält im besten Falle 30 Prozent Mandeln und Pistazien sowie 25 Prozent Honig. Heute wird auch mit Nüssen experimentiert, mit Feigen, Kastanien, Orangen und Schokolade. Wie der Wein oder die Oliven der Provence hat auch der Nougat seine eigene Gütebezeichnung, die A.O.C.

Die Aufschrift zeigt es: Der Nougat kommt direkt aus Montélimar.

Mehr als 6000 Jahre alt ist das Leben im mittleren Rhônetal, dem Tor zur Provence. Voller Stolz blicken seine Bewohner – so sie nicht in den lebendigeren, dichter besiedelten Süden abgewandert sind – zurück auf die Anfänge der Region, als sie Teil der vorchristlichen Provincia Romana war. Die ersten Zeugnisse der Antike erstrecken sich nicht nur unmittelbar am Flussufer, sondern weit landeinwärts, Vaison-la-Romaine zum Beispiel birgt wahre Schätze. Die größte archäologische Ausgrabungsstätte Frankreichs vermag hier anschaulich den Alltag der Römer in der Provinz zu vermitteln. Und auch Mittelalter und Renaissance zeigen vielerorts prächtige Spuren, sei es in Gestalt von Schlössern und Burgen, sei es in der typischen Steinarchitektur der Winzer- und Festungsdörfer.

ORANGE: HOLLAND TRIFFT ROM

Via Agrippa nannten die Römer die von ihnen geschaffene Straßenverbindung zwischen Lyon und Arles. Heute trägt sie die Bezeichnung Nationale 7 und reiht wie Perlen auf einer Schnur die eindrucksvollsten Relikte der antiken Provence aneinander. Den monumentalen Auftakt bildet der Triumphbogen von Orange. Die Stadt am Ufer des Flüsschens Meyne zählte zu den prächtigsten in der vorchristlichen Zeit. Allein ihr Theater bot Platz für annähernd 10 000 Zuschauer. Die imposante Rückwand des Bühnenraumes – sie misst mehr als 100 Meter in der Breite und ragt fast an die 40 Meter in die Höhe – nannte Frankreichs Sonnenkönig Ludwig XIV. angeblich „die schönste Mauer meines Königreichs". Inzwischen von einer transparenten Dachkonstruktion geschützt, dient sie alljährlich als Kulisse für die „Chorégies d' Orange", sommerliche Festspiele mit Konzerten und Opernaufführungen. Noch der leiseste Ton der Instrumente und Sänger ist bis in die obersten Reihen zu hören.

In der Nachfolge eines ehemaligen Sängers der Gegend – des Herrn Raimbaut

In Nyons spannt sich die Brücke seit der Romanik
über den Fluss (rechts). Der Ort ist in wirtschaftli-
cher Hinsicht mit der Olivenproduktion verbunden,
das nahe gelegene Taulignan (unten) hingegen
stand einst für die Seidenproduktion.

Unter den Arkaden am Platz in Nyons lässt sich wunderbar ein Sommernachmittag verbringen.

Im Schloss von Grignan entstand im 17. Jahrhundert großartige Briefkunst, an die heute noch ein facettenreiches Festival erinnert.

„Diese Vorhalle ist schön, und man kann dort sehr angenehm speisen. Man steigt über eine große Freitreppe zu ihr hinauf ...“

Marquise de Sévigné über Schloss Grignan

d'Orange, Prinz und zugleich berühmter Troubadour (er hegte eine leidenschaftliche Liaison mit der nicht minder berühmten Troubadoura Beatriz de Dia) – ergab sich durch Heirat, Erbschaft und Kauf im 16. Jahrhundert die Verbindung des Fürstentums Orange mit dem niederländischen Zweig des Hauses Nassau. Wilhelm I. von Nassau-Dillenburg darf sich als Erster seiner Linie Prince d'Orange (Fürst von Oranien) nennen. Bis heute tragen Hollands Regenten diesen Titel; auch ihre Wappenfarbe Orange leitet sich vom Namen ihres einstigen kleinen Besitztums in der Provence ab.

GRAFEN UND BRIEFE
Der Name Adhémar de Monteil eint indes die beiden wohl eindrucksvollsten der erhaltenen Schlossburgen in der nördlichen Provence: Aus dem Besitz Montelium Adhemari resultiert der Stadtname Montélimar, und das Schloss derer von Grignan baut die Familie Adhémar zu einem imposanten Bollwerk mit weitem Blick über das Land aus. Ein Neffe des letzten Grafen verbindet sich in dritter Ehe mit einer gewissen Françoise-Marguerite de Sévigné. Die Brautmutter, eine hochadelige Pariser Witwe, hält mit ihren regelmäßigen schriftlichen Berichten ihr „exiliertes“ Töchterchen zwischen ihren Be-

suchen auf Grignan über das Leben in der Hauptstadt auf dem Laufenden. Der freie Ton und Stil ihrer Korrespondenz macht diese zu einer kleinen Sensation und Marquise de Sévigné geht als berühmte Briefautorin in die französische Literaturgeschichte ein. Ihre Schilderungen befassen sich jedoch nicht nur mit den Ereignissen am Hofe des Sonnenkönigs, sondern auch mit den Genüssen, die die provenzalische Wahlheimat ihrer Tochter zu bieten hat.

SCHUFTEREI FÜR DIE SEIDE
Schon lange vor dem Aufenthalt von Madame de Sevigné auf Schloss Grignan breitet sich der Maulbeerbaum in der ländlichen Region südöstlich von Montélimar aus. Im Jahr 1868 zählt man im heutigen Gebiet der Drôme gut fünf Millionen dieser Bäume, deren Blätter der Seidenraupe als Nahrung dienen. Mehr als 300 Kommunen betreiben damals eine Seidenraupenzucht. Eine Vielzahl kleinerer Spinnereien entsteht und gewährleistet die Verarbeitung der Kokons direkt vor Ort. Doch bald weichen diese Familienbetriebe industriellen Etablissements. Sie bedienen sich der Wasserkraft kleiner Flüsse wie des Berre und des Ley. Es sind vor allem nun elternlose Mädchen und junge Frauen, die in den neuen Großunternehmen beschäftigt werden.

Abweisend und einladend zugleich sind die Höhen des Mont Ventoux.

Der Anblick der zackigen Silhouette der Dentelles de Montmirail im weichen Licht verzaubert.

Vom Winzerort Séguret schweift der Blick weit über das Tal der Rhône – festgehalten in so manchem Ölbild eines Malers oder per Aquarell.

„Servez-vous!" – der Aufstieg auf den Mont Ventoux ist nicht ohne, und so sind derart köstlich erfrischende Früchte nach den Mühen äußerst willkommen.

Zum Teil handelt es sich um regelrechte Pensionatsfabriken, in denen Waisen für kümmerlichsten Lohn schuften. David Armandy, dessen Imperium letztlich annähernd 50 Spinnereien und 3000 Angestellte umfasst, ist einer der Ersten, der diese Betriebsart in seinem Heimatstädtchen Taulignan installiert. Andere nordprovenzalische Seidenbetriebe, darunter auch jene von Grignan, übernehmen sein Modell. Billigseide aus Fernost macht diesem Industriezweig im 20. Jahrhundert jedoch den Garaus.

BALKON FÜR KÜNSTLER

Der Sicherheit (securitas) des Ortes verdankt er seinen Namen: Séguret. Heute ist es seine Schönheit, die die Menschen lockt. Wie von einem Balkon blickt man aus dem mauerumgürteten, von einer Burgruine beherrschten Weinörtchen ins Rhônetal. In den Gassen drängen sich Renaissancebauten mit türkisfarbenen Fensterläden um die romanische Kirche, den mittelalterlichen Glockenturm und die barocke Fontäne. Ein Szenarium, das auch Künstlerherzen höher schlagen lässt. Das inmitten einer Landschaft von Rebgärten, Zypressen, Feigen-, Maulbeer- und Olivenbäumen gelegene Séguret bietet Künstlern aber nicht nur zahlreiche Motive für ihre Arbeit. Seit mehr als drei Jahrzehnten er-

öffnet das Atelier de Séguret ihnen auch den passenden Aufenthaltsrahmen. In einigen Häusern im Ortskern wurden ein gutes Dutzend einfacher Übernachtungszimmer eingerichtet. Zudem gibt es Werkstätten für Malerei und Druckkunst sowie ein Fotolabor. Hunderte von zeitgenössischen Künstlern aus der ganzen Welt nutzten inzwischen schon die Möglichkeit, eine Zeitlang in Séguret zu wohnen und mit Feder, Pinsel, Meißel oder Kamera schöpferisch tätig zu sein. Der kreative Geist der Gäste ist überall im Ort zu spüren. Mitunter sogar auf dem Teller. Wie farbenfrohe Plastiken wirken die Speisen, die Lucie und Christophe in ihrem Restaurant Mesclun servieren.

und zwei weiteren Begleitern auf zum Gipfel des Mont Ventoux, des „windigen Berges", der in königlicher Einsamkeit, mit kalkweißem Haupt, weithin sichtbar in den Himmel ragt. Der Poet nimmt freiwillig, „lediglich aus Verlangen", die Mühsal des Aufstiegs auf sich. In seinen Kunstbriefen wird er das Unterfangen, bei dem er nicht nur die Schönheit der Landschaft erblickt, sondern eine „Erregung des Herzens" empfindet, später ausführlich schildern. Sowohl den Wanderern, die heute über die beiden Fernwanderwege GR 9 und GR 4 zum Gipfel streben, als auch den Radsportlern, die ihre Waden an den Flanken des Mons Ventosus erproben, sind diese Briefe wohl ziemlich egal. Sie

Ein Szenarium, das auch Künstlerherzen höher schlagen lässt.

UNBARMHERZIGER BERGKÖNIG

Auch ein italienischer Dichter erlag vor langer Zeit dem Zauber der Region. Angeschlagen durch eine unglückliche Liebe zu einer verheirateten Frau, sucht Francesco Petrarca Ablenkung in der Natur. Am 26. April 1336 macht er sich daher zusammen mit seinem Bruder

fürchten – Freizeitpedalritter wie Profis der Tour-de-France – die steilen Anstiege wie auch die kahle Kuppe des Berggiganten, da sich dort im Sommer mörderische Hitze und starker Wind vereinen. Doch lässt die Aussicht, Mittelmeer und Alpengipfel bei gutem Wetter zu erblicken, einige Mühen vergessen.

Schwarze Köstlichkeiten

*Französische Trüffel – da denken die meisten sicher
zuerst an das Périgord. Doch das Gros der kostbaren
Pilze stammt aus der nördlichen Provence, genauer
gesagt aus den Regionen Drôme und Vaucluse.*

V or allem das Tricastin, das Gebiet östlich der Rhône zwischen Montélimar, Orange und Nyons, gilt als fruchtbarstes Terrain für die „schwarzen Diamanten". 68 Gemeinden formen hier die AOC-Fläche für die „tuber melanosporum vittadini".

AROMATISCHE BODENSCHÄTZE

Im Winter ist Hochsaison für die Trüffeln, die wild vor allem unter Steineichen, aber auch unter Nussbäumen gedeihen. Von Mitte November bis Mitte März machen sich die *caveurs* auf die Suche, meist mit speziell abgerichteten Hunden als Schnüffelhilfe. Ein schwerer, leicht nussiger, erdiger Geruch weist den Suchenden den Weg. *Rabasse* heißen die begehrten dunklen Klumpen auf Provenzalisch, denn wenn das Tier fündig geworden ist, muss der Mensch sich tief bücken oder auf die Knie gehen (frz. *se rabaisser;* wörtl. erniedrigen), um mit der Trüffelhacke (provenz. *fouji*) und den Händen den Boden aufzukratzen und die Trüffel aus ihrem Erdversteck zu lösen. Normalerweise liegen die Trüffelknollen bis zu etwa 20 Zentimetern unter der Erdoberfläche, manche wachsen aber auch in ein oder zwei Meter Tiefe.

LANGER WEG ZUM GENUSS

Die meisten Trüffel entstammen auch in der Provence inzwischen nicht mehr „wilden" Fundstätten, sondern sind Zuchtprodukte. Es gibt regelrechte Trüffelplantagen. Aber ihre Bewirtschaftung ist ein fast ebenso aufwendiges Unterfangen wie die Suche nach

„Melano" oder „brumale" – Trüffelkenner können die erstklassige Sorte von der weniger kostbaren auf einen Blick unterscheiden.

den natürlichen Erddiamanten: Mindestens zehn Jahre dauert es, bis sich die Trüffelsporen an den Baumwurzeln angesetzt haben. Auch das Klima muss passen: Längere Trockenheit und Hitze sind die ärgsten Feinde der Trüffel. Zudem spielen Bodenbeschaffenheit (möglichst kalkhaltig, mit einem pH-Wert von ca. 7) und Pflanzengüte eine wichtige Rolle für den Erfolg eines *trufficuleurs*. Das mittelalterlich anmutende Carpentras ist für professionelle Trüffelkäufer die erste Adresse, doch am weitesten reicht der Trüffel-Ruf des Drôme-Örtchens Richerenches.

FAKTEN

Trüffelmärkte und -feste
Die Trüffelsaison ist kurz, nach Überzeugung der „rabassiers" währt sie von St-Siffrein (27. November) bis zum Tag des hl. Joseph (19. März). Nur in dieser Zeit finden auch die morgendlichen Trüffelmärkte statt. Die wichtigsten sind jene von Carpentras (Freitag), Richerenches (Samstag) und Valréas (Mittwoch). Weitere Märkte finden in Vaison-la-Romaine, Grignan, St-Paul-Trois-Châteaux und Nyons sowie in Ménerbes statt.

Vor allem das Tricastin gilt als fruchtbarstes Terrain für die „schwarzen Diamanten".

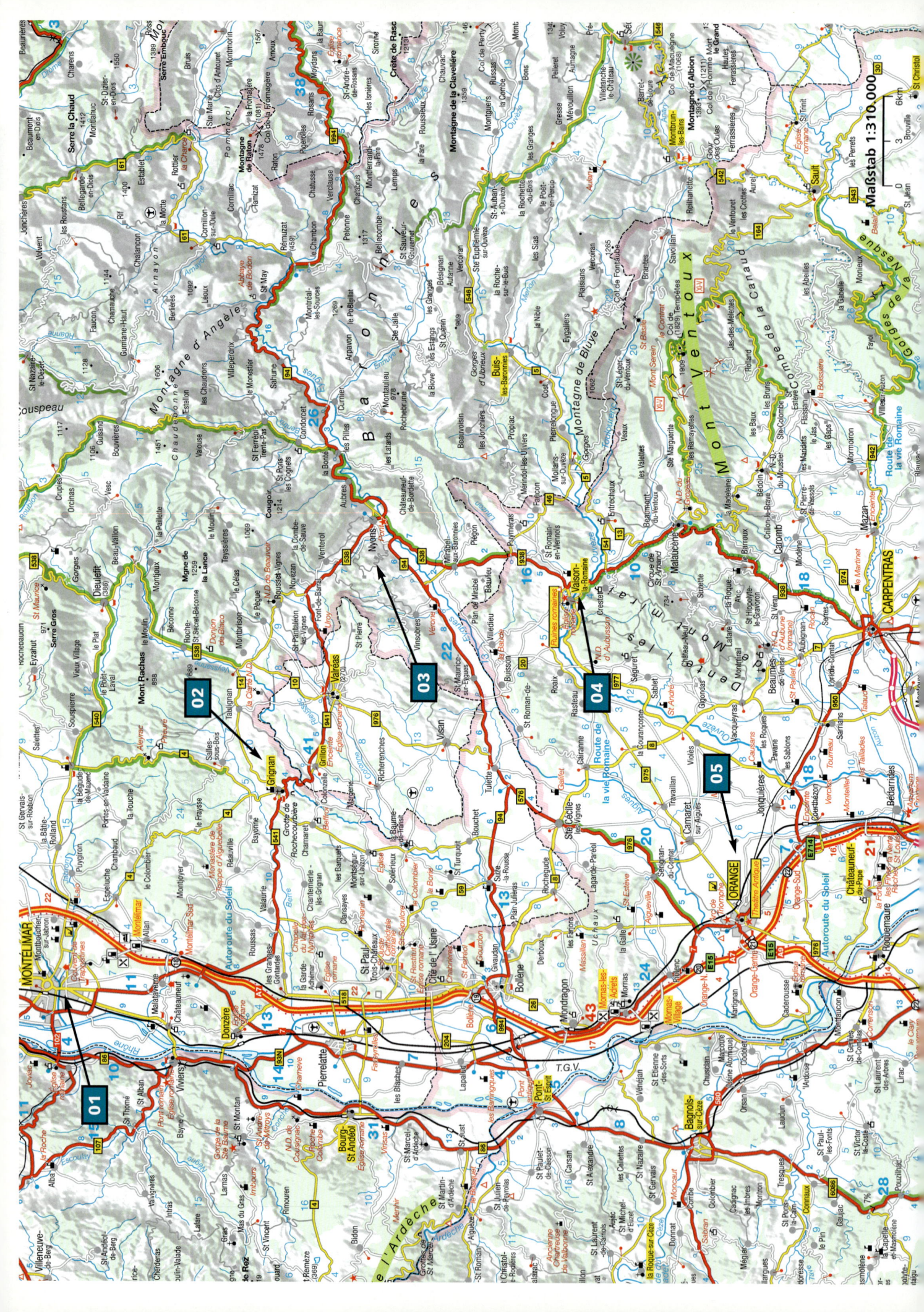

Infos

Bergkamm und Schlucht, Nougat und Wein

Eindrucksvoll sind die Spuren der Römer in der Nordprovence. Prachtvolle Schlossburgen erinnern in Montélimar und Grignan an die Macht hier ansässiger Grafen vom Mittelalter bis zur Renaissance. Bergfreaks lässt der Anblick der Dentelles de Montmirail und des Mont Ventoux das Herz höher schlagen.

01 MONTÉLIMAR

Köstliches weißes Nougat und einer der wenigen erhaltenen mittelalterlichen Wehrbauten im Rhônetal lohnen den Stopp in Montélimar. Immer wieder Spielball unterschiedlicher politischer Interessen, erfuhr die Stadt im Laufe ihrer fast 6000-jährigen Geschichte zahlreiche Höhen und Tiefen. Päpstlicher Besitz im Mittelalter, Wohnstätte von Diane de Poitiers, der Favoritin Heinrichs II. (16. Jh.), religiöses Zentrum der Protestanten, wandelte sie sich im 18. Jh. schließlich zum modernen Handelszentrum.

Sehenswert

Auf einem Hügel über der Stadt im Departement Drôme thront eindrucksvoll das mittelalterliche **Château des Adhémar** (tgl. ab 10.00 Uhr, Nov.–März. Di geschl.). Im 16. Jh. wurde es zu einer modernen Festungsbastion erweitert und diente lange Zeit als Gefängnis. Im Innern des Verteidigungsgürtels sind eine Kapelle aus dem 11. Jh. erhalten sowie eine außergewöhnlich dekorierte Wohnstätte des 12. Jh.s. Die Schlossmauern bergen heute zudem ein Zentrum für zeitgenössische Kunst. Erhalten ist auch das **Haus der Diane von Poitiers** und einen Blick lohnen die **Stiftskirche Ste-Croix** sowie das **Stadttor St-Martin**.

Museum

Um die süße Spezialität der Stadt dreht sich alles im **Nougat-Museum Soubeyran**. Es ist Sitz eines historischen Familienbetriebs und bietet Einblick in die Produktion (www.nougatsoubeyran.com, Führungen Mo.–Fr. stdl. ab 9.30 bis 11.30 und ab 14.00 bis 17.00 Uhr).

Umgebung

Aus der Erde von **Dieulefit** (ca. 27 km östl.) werden seit alters her Tonwaren geschaffen; zahlreiche Töpfer arbeiten noch immer in dem Städtchen. Das **Tricastin**-Gebiet südöstlich von Montélimar ist bis heute auch das Trüffelzentrum der Provence.

Information

Office de Tourisme de Montélimar,
Allées provençales, 26200 Montélimar,
Tel. 04 75 01 00 20,
www.montelimar-tourisme.com

02 GRIGNAN

Mit einem der größten Renaissance-Schlösser Frankreichs, auf einer felsigen Anhöhe erbaut, beeindruckt Grignan schon von Weitem. Die Kuppe war bereits in der Bronzezeit besiedelt; in frühen Klosterdokumenten ist zudem ein römisches Castellum Gradignanum erwähnt. Madame de Sévigné (1626–1696), eine berühmte Briefeschreiberin des 17. Jh.s, war häufig in diesem Schloss zu Besuch, in dem ihre Tochter lebte und in dem sie auch starb.

Sehenswert

Gigantisch sind sowohl das Ausmaß des mächtigen Schlosskomplexes als auch der Blick von der **Schlossterrasse**. Im Innern des **Schlossgebäudes,** das während der Französischen Revolution zerstört und erst 1912 wieder originalgetreu aufgebaut wurde, sind u. a. das Zimmer und Kabinett von Madame de Sévigné erhalten, wertvolle Tapisserien aus Aubusson sowie Mobiliar aus der Zeit von Louis XIII. (tgl.

Tipp

Höhlendorf

Etwa auf halber Strecke zwischen Montélimar und Orange liegt in den Bergen von Bollène ein verzweigtes Troglodytendorf. Entstanden aus einem Römercamp, war es bis 1875 besiedelt. Fast alle Männer hier arbeiteten in den nahen Sandsteinbrüchen. Außer ihren Wohnstätten gruben die Siedler des **Barry** auch Ställe, Getreidespeicher, eine Kapelle und ein Gefängnis aus dem weichen Stein. In Privatinitiative wurden inzwischen einige der aufgelassenen Höhlenbauten restauriert. Auf verschiedenen Rundparcours können sie besichtigt werden.

Tourismusamt Bollène,
Tel. 04 90 40 51 45,
www.bollenetourisme.com

9.30–12.00, 14.00–18.00 Uhr, Nov.–März Di. geschl.). Zu Füßen des Schlosses schlängeln sich schmale Gassen mit mittelalterlichen Bögen und Häusern, in denen unter anderem Cafés und Kunsthandwerksläden ihren Platz haben. Die 1535 bis 1539 erbauten doppeltürmigen **Stiftskirche St-Sauveur** unterhalb der Schlossterrasse markiert ein Marmorstein vor dem Altar das Grab der Marquise de Sévigné, die hier im 17. Jh. beigesetzt wurde. An dem Mauergürtel rund um den Schlossberg ranken mehr als 400 **Rosenstöcke.** An der Place du Mail am Fuß des Burghügels beeindruckt das alte Waschhaus in Form eines runden Säulentempels.

Museum

Untergebracht im Haus des einstigen Burgvogts, der Maison du Bailli, beherbergt das **L'Atelier-musée livre & typographie** (Buchdruck-Museum) nicht nur historische Druckmaschinen, sondern auch eine aktive Buchdruckwerkstatt (Place St-Louis, colophon.pagesperso-orange.fr, Di.–Sa. ab 10.00, Juli/Aug. tgl ab 10.30 Uhr).

Veranstaltungen

Anfang Juli widmet Grignan sich mit dem **Festival de la Correspondance** der Briefkunst (www.grignanfestivalcorrespondance.com).

Hotels

Ein lauschiger Garten und zehn individuelle Zimmer erwarten den Gast des **€€ Hotels Clair de Plume** – und ein außergewöhnliches Frühstücksbuffet (Place du Mail, Tel. 04 75 91 81 30, www.clairplume.com).

Umgebung

Madame de Sévigné liebte es, sich in die **Grotte von Rochecourbière** im Süden Grignans (ca. 1 km) zurückzuziehen. Ins Guinness-buch der Rekorde schaffte es das Gelände **„La Petite Tuilière",** ebenfalls im Süden. Mehr als tausend provenzalische Krippenfiguren („santons") verkörpern hier lokale Traditionen wie das Olivenpflücken. Auch das „Atelier des Santoniers" fehlt nicht, mit Figuren, die zwischen 0,7 und 30 cm messen (Le Village Provençal Miniature, Route de Valréas, www.village-miniature.fr). Im nordöstlichen Nachbarort **Taulignan** (7 km) dokumentiert das Musée de la Soie auch die sozialen Schattenseiten der provenzalischen Seidenindustrie, die im 19. Jh. in der Region blühte (www.atelier-museedelasoie-taulignan.com, tgl. außer Di ab 10.00 Uhr, 25. Dez. bis 15. Feb. geschl.).

Information

Office de Tourisme du Pays de Grignan,
Place du Jeu de Ballon, 26230 Grignan,
Tel. 04 75 46 56 75, www.ville-grignan.fr,
www.ladrometourisme.com

Infos

Spektakuläre Aussicht

Zwischen Villes-sur-Auzon und dem La-
vendelzentrum Sault, südlich des Mont
Ventoux, hat sich das Flüsschen Nesque
ein tiefes Bett in den Fels gegraben. Ein
kurvenreiches Sträßchen (D 942), herrlich
für Radfahrer wie für Autobummler, folgt
dem Wasserlauf auf rund 20 km durch
eine karge, spärlich besiedelte Bergland-
schaft und eröffnet immer wieder tolle
Blicke. In den Rochers du Cire bietet sich
auf 872 m Höhe ein grandioser Blick in die
300 Meter tiefer gelegene Schlucht.

03 NYONS

Oliven und exotische Pflanzen wachsen in
Hülle und Fülle um das von vier Mittelgebirgs-
zügen beschützte Städtchen, das mit dem Aufstieg Avignons zum Sitz der Päpste im späten
13. Jh. erblühte. Als Niomes (von Novio Magus,
neuer Markt) ist die Siedlung an dem Flüsschen Eygues schon 972 in einer Schenkungsur-
kunde ans Kloster St-Césaire in Arles erwähnt.

Sehenswert

Am östlichen Ende der Promenade de la Digue
überspannt eine **romanische Brücke** den
Fluss. Sein Ufer säumen inzwischen neben einer **historischen Ölmühle** auch eine **Laven-
deldestillerie** und der Garagenbetrieb eines
Essigmachers (www.lapara.fr). Von der arka-
dengesäumten Place du Dr. Bourdongle führt
die Rue de la Résistance hinauf in die **mittelalterliche Altstadt** mit dem Tour Randonne aus
dem 13. Jh., der überdachten Rue de Grands
Forts und den niedrigen Häusern des 14. Jh.s.
Nyons beherbergt auch das **Institut du
Monde de l'Olivier** (www.monde-olivier.com).

Information

*Office de Tourisme du Pays de Nyons,
Place de la Libération, 26111 Nyons,
Tel. 04 75 26 10 35, www.paysdenyons.com*

04 VAISON-LA-ROMAINE

Frankreichs größte archäologische Ausgrabungsstätte besteht eigentlich aus zwei Städtchen: mittelalterlich das eine hoch oben über
dem Flüsschen Ouvèze, am anderen Ufer hingegen das andere römisch und voller Leben.
Vor allem dienstags, wenn alles zum Markttag
zusammenströmt.

Sehenswert

Über mehr als 60 Hektar dehnte sich das **römische Vasio ▶TOPZIEL** im 2. Jh. auf dem einstigen Territorium der keltischen Vocontier. Gut
ein Viertel der antiken Stadtfläche ist erhalten
(im Quartier de la Villasse sowie im Quartier
Puymin). Westlich des Quartier de la Villasse
steht **Notre-Dame** (11.–13. Jh.) mit schönem
Kreuzgang. Über die **römische Brücke** gelangt
man in die **Ville Haute,** die Oberstadt, zu Füßen der mittelalterlichen Burg.

Museum

Im archäologischen **Musée Théo-Desplans** erhellt eine Fülle von Ausgrabungsobjekten den
Charakter des römischen Alltags in einem Pro-
vinzort. Zu bewundern sind Fresken und exquisite Mosaike (tgl. ab 10.00, April–Sept. ab 9.00
Uhr, Jan. geschl.).

Aktivitäten

Der markante Bergkamm der Crête mit gran-
diosen Aussichten (mons mirabilis) ins breite
Rhônetal erfreut sich bei **Felskletterern** großer Beliebtheit; es gibt mehr als 700 Routen aller Schwierigkeitsstufen. Auch **Wanderwege**
sind ausgewiesen.

Veranstaltung

Aus bis zu 7000 Kehlen erklingen alle drei Jahre
Chorgesänge im römischen Amphitheater. Der
Auftritt ist Höhepunkt beim zwölftägigen Kon-
zert- und Studienfestival **Les Choralies** mit
Teilnehmern aus ganz Frankreich und interna-
tionalen Gästen (www.choralies.fr).

Restaurant

Schön isst es sich auf der Terrasse des
€€/€€€ **Le Mesclun** in Séguret (Rue des Po-
ternes, www.lemesclun.com).

Restaurant

Luxus von der Frühstücksterrasse und dem
Pool mit tollem Ausblick bis bis zur Ausstat-
tung der (mitunter recht kleinen) Zimmer bietet das in historischen Gemäuern eingerichtete
€€€/€€€€ **Hotel Crillon Le Brave** (Place de
l'Eglise, 84410 Crillon le Brave, Tel 04 90 65 61
61, www.crillonlebrave.com)

Umgebung

Scharfzackig und spitz machen südlich von Vaison-la-Romaine die **Dentelles de Montmirail**
ihrem Namen alle Ehre, leitet er sich doch vom
französischen Begriff für Klöppelspitze ab.
Höchste Erhebung ist die Crête de St-Amand
(734 m). Während die Nordseite steil ansteigt,
weist die Südflanke des **Mont Ventoux ▶TOP-
ZIEL** nur ein sanftes Gefälle auf. An ihrem Fuß
herrscht noch eine typisch mediterrane Vegetation mit Obstplantagen und Weinbergen vor,
die bald dem Dickicht verschiedener Eichenar-
ten weicht. Um das Überleben der Pflanzen-
vielfalt zu sichern, hat die UNESCO den Mont
Ventoux 1990 zum Naturschutzgebiet erklärt.

Die römische Brücke in Vaison-la-Romaine führt in die engen Gassen der Oberstadt.

Autofahrer erreichen den Gipfel von Malaucène, Sault oder Bédoin aus. Inspiration für Künstler verheißt **Séguret** (rund 10 km südwestl.).

Information

Office du Tourisme, Place du Chanoine Sautel, B. P. 53, 84110 Vaison-la-Romaine, Tel. 04 90 36 02 11, www.vaison-ventoux-tourisme.com, www.vaison-la-romaine.com

05 ORANGE

Das antike Orange galt als eine der prachtvollsten Städte in der Provinz Gallia Narbonensis. Wie andere römische Gründungen in der Provence ging sie aus einer Siedlung der Kelten hervor, die hier die Gottheit Arausio verehrten.

Sehenswert

Imposant ist der dreiteilige, 22 m hohe **Triumphbogen** aus der Zeit um 20 v. Chr. im Norden der Stadt, außerhalb des Zentrums. In der Stadt selbst, die im Kern mit ihren engen, meist von Restauranttischen dicht bestandenen Gassen und kleinen Plätzen fast dörflichen Charakter hat, sind die ursprünglich romanische **Kathedrale Notre-Dame** erhalten und der **Rathausturm** (17. Jh.). Vor allem das **Amphitheater ▶TOPZIEL** ist einer der Höhepunkte römischer Architektur, nicht nur der Provence (http://theatre-antique.com, ab 9.00/9.30 Uhr). Ein toller Blick auf die gesamte Theateranlage bietet sich von dem Hügel St-Eutrope südlich davon. Die mehr als 3 km lange **Stadtmauer** aus der Römerzeit wurde indes geschleift.

Museum

Zahlreiche antike Ausgrabungsfunde bilden die Sammlungsbasis des **Musée municipal,** des Stadtmuseums, das auch das einzigartige römische Cadastre Oranges (Katastersteine) bewahrt (Öffnungszeiten wie Amphitheater).

Umgebung

Um den Ort Orange liegen zahlreiche exzellente **Weinbaugebiete:** Im Norden bei Uchaux (ca. 8 km), Cairanne (20 km) sowie Suze-la-Rousse (28 km), wo im Schloss die Weinuniversität residiert, die mit Wochenendseminaren auch Amateuren offen steht (www.universite-du-vin.com). Im Osten locken die Rebfelder von Gigondas, Vacqueyras, Beaumes-de-Venise (alle ca. 30–40 km) und dem Mont Ventoux, im Süden die berühmten Lagen von Châteauneuf-du-Pape.

Information

Office de Tourisme d'Orange, 5, Cours Aristide Briand, 84100 Orange, Tel. 04 90 34 70 88, www.otorange.fr

DuMont Aktiv

Die Baronnies aus der Vogelperspektive

Beim Drachen- beziehungsweise Gleitschirmfliegen lassen sich die Landschaften der Drôme und der Vaucluse auf eine ganz besondere Art entdecken. Anfänger buchen einfach zunächst einen Tandemflug mit einem erfahrenen Lehrer.

Lavendelfelder und bewaldete Bergrücken – solch ein Panorama lockt nicht nur Wanderer. Im Pays de Séderon, etwa 25 km nördlich von Sault, finden auch all jene ihr Dorado, die mit den Winden abheben wollen statt auf Schusters Rappen pittoreske Pfade zu erkunden.

EIN LUFTIGES EXPERIMENT

Wer es zum ersten Mal wagt, muss zunächst gut zuhören. Denn ausführlich erklärt der *moniteur,* wie der Gleitschirm funktioniert, was er, der Lehrer, während des Flugs tun wird, und wie wir uns verhalten sollen. Dann steigen wir ins „Geschirr" des Doppelsitzers, und schon heißt es: loslaufen. Schüler vorn, Lehrer hinter ihm.

Kaum merklich hebt der Schirm uns weg vom Boden. Es kribbelt ein wenig die Angst im Bauch, doch bald schon überwiegt der Genuss des Schwebens. Nach dem Kommando des *moniteurs* hätte ich sogar selbst die Lenkschnüre ziehen dürfen. Vielleicht beim nächsten Mal ... Wetter und Thermik sind uns hold, und so bleiben wir gut 20 Minuten in der Luft. Mit ein paar Handgriffen steuert mein Lehrer dann unser Fluggefährt hinab in Richtung einer großen Wiese. So sanft, wie wir aufgestiegen sind, landen wir dort dann auch.

Wie ein Adler, hoch über dem Land

WEITERE INFORMATIONEN

Regionale Veranstalter

Ecole de parapente des Baronnies, Gite communal, La Farette, Tel. 04 75 28 50 80, mobil 06 62 11 74 56, www.provence-parapente.com Esprit Parapente, Le clos d'aubane, Gresse, Tel. 04 75 28 64 31 oder mobil 06 63 77 71 91, www.esprit-parapante.com (beide Mévouillon)

Dauer und Kosten

Die Flüge bzw. die Flugtaufe (*baptême biplace*) dauern zwischen 10 und 20 Minuten (70 Euro). Flüge mit Instruktion und mind. 20 Min. Dauer 90 bis 120 Euro. Sie sind auch für Kinder geeignet, deren Gewicht allerdings mindestens 20 Kilogramm betragen muss.

Papstmacht und Ocker- bruch

Sonnenerwärmte Böden, auf denen Reben und Früchte gedeihen. Kleine Weindomänen, lichte Zitadellendörfer, goldrot leuchtende Canyons und als einzige große Stadt das vom Prunk seiner mittelalterlichen Papstära geprägte Avignon – so buchstabiert sich die klassische Provence. Ein filmreifes, alle Sinne betörendes Sehnsuchtsziel zwischen dem mittleren Rhônetal, dem Luberon und den Montagne de Vaucluse.

Erhaben ist der Bau zu nennen, in dem die Päpste während ihres Exils in Avignon residierten – der Palast hat gigantische Ausmaße.

Ein Sommertag in Avignon: Im ruhigen Innenhof eines Restaurants in der Stadt trifft man schon nachmittags Vorbereitungen für die Gäste. Straßenkünstler beleben gegen Abend den Platz vor dem Papstpalast.

Wehrhaft wie eine Festung erstreckt sich der Papstpalast am Ufer der Rhône.

„Es ist ein babylonischer Bau! – Groß, ungeheuer, schreckenerregend."

Moritz Hartmann im 19. Jh. über Avignon

Im Brückenkopf darf getanzt werden, sogar vor einer Videokamera. Sie filmt die eigene Choreografie zum berühmten Lied über den „Pont d'Avignon" – auf dem man sich angeblich schon vor Jahrhunderten tanzend vergnügte: „Sur le pont d'Avignon on y danse, on y danse ...". Doch tatsächlich fanden die musikalischen Belustigungen stets auf der Insel Barthelasse unter dem Pont St-Bénézet statt, wie das romanische Bauwerk offiziell heißt. Es führte einst nach Villeneuve-les-Avignon hinüber und überspannte mit seinen ursprünglich 22 Steinbögen die Rhône bereits geraume Zeit vor Ankunft der Päpste, die ab 1309 in Avignon residierten.

PRACHTVOLLES EXIL

Klemens V. war der Erste, der mehr oder minder freiwillig in der südfranzösischen Stadt seinen Sitz nahm; sein Vorgänger Bonifatius VIII. hatte den Schock über seine Gefangennahme in Anagni durch das großmächtige französische Königshaus nicht überlebt. Nach Klemens V., der sich von König Philipp IV. dazu hatte drängen lassen, den Sitz der Kurie nach Avignon zu verlegen, lebten sechs weitere katholische Kirchenoberhäupter in Avignon. Um dem päpstlichen Exil in der Provence Glanz und Würde zu verleihen, ließen vor al-lem Benedikt XII. und Klemens VI. den alten Bischofspalast neben der Kathedrale zu einer imposanten Palastanlage ausbauen. Sie diente gleichermaßen als Festung wie als Repräsentationsobjekt. Aber nicht nur mit dem Palais des Papes setzte der Heilige Stuhl von Avignon prachtvolle architektonische Zeichen. Auch hinter dem westlichen Brückenkopf des Pont St-Bénézet, am Fuß des Mont Andaon, bauten Päpste und Kardinäle prächtige Paläste. Bis heute prägen sie das Stadtbild der 1292 von Philipp dem Schönen zum Schutz der Abtei des heiligen Andreas begründeten Festungssiedlung, die inzwischen schlicht Villeneuve-sur-Avignon heißt.

Bis 1377 dauerte die sogenannte „Babylonische Gefangenschaft" der Päpste in Avignon; in den fast sieben Jahrzehnten wurde die Rhônestadt zur Weltbühne für Politik und Kultur. Ihre Bevölkerung wuchs von etwa 6000 auf das Fünffache an. Verschwendungssucht und Korruption dämpften jedoch den päpstlichen Glanz. Als sich Gregor XI. entschloss, endgültig nach Rom zurückzukehren, ließ Frankreichs König kurzerhand einen Gegenpapst in Avignon wählen. Damit beschwor er das große abendländische Schisma (Kirchenspaltung) herauf, welches die katholische Kirche für ein halbes Jahrhundert spalten sollte.

Wichtige Ziele bei Avignon sind der viel besungene Pont St-Bénézet und
die Weinkeller in Châteauneuf-du-Pape.

Mut zum Experiment

Länger, offener, mit anderen Werken – Olivier Py drückt dem Festival d'Avignon einen neuen Stempel auf. Als Direktor für die Periode bis 2018 setzt der Schauspieler, Regisseur und Theaterautor die Idee seiner Vorgänger, eine Künstlerpersönlichkeit Teile des Festival-Programms verantworten zu lassen, auf ganz eigene Weise fort.

Die Ursprünge liegen im Spätsommer 1947. Als Rahmenprogramm zu einer von dem Dichter René Char mitveranstalteten Ausstellung moderner Plastik und Malerei in der Kapelle des Papstpalastes von Avignon sollte der Regisseur Jean Vilar T. S. Eliots Theaterstück „Mord im Dom" (Murder in the Cathedral) zur Aufführung bringen. Doch der große Ehrenhof schien dem Regisseur ganz und gar nicht geeignet als Kulisse für das intime Bühnenwerk. Er schlug daher vor, stattdessen Shakespeares „Richard II" zu zeigen – ein damals in Frankreich selten gespieltes Stück –, verbunden mit „Tobie et Sara" von Paul Claudel und „La terrasse de midi", das zweite Werk von Maurice Clavel. Mit dieser Wahl war nicht nur der Grundstein zum Festival d'Avignon gelegt, sondern auch gleich sein Charakter vorgegeben: Unbekanntes aus dem Weltrepertoire sollte mit zeitgenössischen Arbeiten Seite an Seite stehen. Dieses neu strukturierte Zusammenspiel hergebrachter und neuer Inszenierungen hatte starken Einfluss auf das Theatergeschehen nicht nur in Frankreich, sondern auch über dessen Grenzen hinaus. Künstler und Regisseure fanden ein Publikum, das offenbar bereit war, (fast) jeden experimentellen Weg mitzugehen. Spätere Stars wie Jeanne Moreau und Gérard Philipe traten in Avignon als junge Talente auf. Mit Maurice Béjarts Gastspiel des Ballet du XXe siècle sowie der Voraufführung von Jean-Luc Godards Film „La Chinoise" öffnete sich das Festival schließlich auch anderen Disziplinen – an ganz unterschiedlichen Spielorten.

Straßenkünstler finden immer ihren Platz in Avignon.

REBENSAFT FÜR KENNER

Châteauneuf-du-Pape: Jedem Weinkenner zergeht schon der Name auf der Zunge. Die feurigen Tropfen der päpstlichen Lage gedeihen hervorragend auf den Kieselsteinböden der Rhôneebene, die tagsüber die Sonnenglut speichern und sie nachts an die Trauben abgeben. So erhalten diese einen höheren Reifegrad. Bereits zur Zeit der Griechen, die aus der kleinasiatischen Stadt Phokäa in die Region gekommen waren, wurde im Rhônetal Wein angebaut – früher als anderswo in Frankreich. Auf dem ehemaligen Anbaugebiet der Päpste wachsen heute gut ein Dutzend Rebsorten unter dem Signum der Appellation d'origine controlée (A.O.C.). Aber nicht nur Châteauneuf-du-Pape, auch die Gemeinden Rasteau, Gigondas, Sablet, Vacqueyras und Beaumes-de-Venise am Fuße der Dentelles de Montmirail zählen noch zum Anbaugebiet Côtes du Rhône. Südlich von Avignon, vor allem bei Les Baux-de-Provence, keltern engagierte Winzer inzwischen ebenfalls nicht mehr nur Massen-Rosé. Und am Saum des Luberon-Gebirges reifen die exquisiten Tropfen der Côte de Provence. Zu den wichtigsten Rebsorten der Provence zählen neben Cabernet Sauvignon der kräftige Syrah, der intensiv beerige Mourvèdre, die Grenache Noir und Ugni-Blanc. Eher selten angebaut wird die alte Sorte Bourboulenc.

GEHEIMNISVOLLE QUELLE

Ihr Quellgeheimnis ist noch immer nicht ganz erforscht: Zwar stießen die letzten Roboter in dem feuchten Karstschlund am Ende des „geschlossenen Tals" (lat. *vallis clausa*) bei etwas mehr als 300 Meter Tiefe endlich auf Sand – doch ist das wirklich schon der Grund der Sorgue, jenes Höhlenflusses, dessen Pegel in dem Felstrichter so drastisch schwankt? So extrem, dass manchmal kaum eine Pfütze zu sehen ist, manchmal aber das Wasser den Gesteinskessel vollständig füllt? Das Fragezeichen bleibt – auch wenn man inzwischen

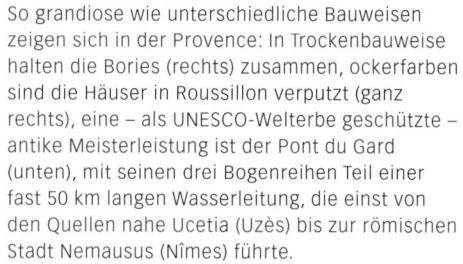

So grandiose wie unterschiedliche Bauweisen zeigen sich in der Provence: In Trockenbauweise halten die Bories (rechts) zusammen, ockerfarben sind die Häuser in Roussillon verputzt (ganz rechts), eine – als UNESCO-Welterbe geschützte – antike Meisterleistung ist der Pont du Gard (unten), mit seinen drei Bogenreihen Teil einer fast 50 km langen Wasserleitung, die einst von den Quellen nahe Ucetia (Uzès) bis zur römischen Stadt Nemausus (Nîmes) führte.

weiß, dass die – mal jadegrüne, mal schwärzlich-blaue oder auch schlamm-braune – Quelle der einzige Ausfluss eines unterirdischen Labyrinths von mehr als 1000 Quadratkilometer Fläche ist, das die Wasser der Montagne de Vaucluse und des Mont Ventoux auf-nimmt. Fast alles, was in den Rissen, Spalten und Rinnen des riesigen Kalk-steinplateaus versickert, tritt an der Fon-taine de Vaucluse – und dem gleichna-migen Ort – wieder zutage. Zehntau-sende von Litern stößt die Quelle in der Sekunde aus – und ist damit von der Schüttung her die größte in Europa.

Fast 400 Kilometer Flussläufe be-schert die offenbar schon zu Römerzei-ten ebenso sagenumwobene wie viel be-

Über Kilometer ziehen sich die canyonartigen Ocker-gruben zwischen Roussillon, Rustrel und Gignac.

suchte Fontaine de Vaucluse der Pro-vence. Und wenn man die aus ihr entspringende Sorgue später in dem heiteren Antiquitäten-Städtchen Isle-sur-la-Sorgue sanft-strudelnd Wasserrä-der antreiben sieht, mag man kaum glauben, dass die Anfänge dieses Nasses ein wahrhaft dunkles Rätsel bilden. We-der Taucher noch technische Wissen-schaftshelfer vermochten es bislang vollständig zu lösen.

OCKERFARBENER PUDER

Zinnoberrot, orangefarben, weißgelb oder fast violett – über Kilometer zie-hen sich die canyonartigen Ockergru-ben zwischen Roussillon, Rustrel und Gignac. Schon die Höhlenmaler hatten sich des edlen Pigments bedient, das ei-gentlich nichts anderes ist als eine Mi-schung aus Ton und eisenoxidgefärb-tem Sand. In den „Colorados" der Vau-cluse ist der Tonanteil in den Sandsteinbrocken gut sechs Mal höher als andernorts. Nach dem Untergang

Von Gold bis Zinnober changieren die Farben in den Ockergruben nahe Roussillon.

Abbau und die durch Wind und Regen bedingte Erosion haben zauberhafte Formen in den Ockerbrüchen bei Rustrel geschaffen.

Schmale, stille Gassen prägen das mittelalterliche Zentrum von Apt.

des Römischen Reiches gerieten die provenzalischen Ockerbrüche allerdings in Vergessenheit; erst 1780 besann man sich wieder ihrer Schätze. Von der Französischen Revolution bis zum Aufkommen der synthetischen Farben belieferten die Ocriers der Provence dann die ganze Welt. Heute werden jährlich gut 2000 Tonnen des begehrten Pulvers produziert. Und es hat sich nur wenig geändert an der komplizierten Gewinnung durch mehrfaches Filtern, Trocknen und Mahlen (ursprünglich geschah dies in Windmühlen, nach Farben getrennt). Der rote Ocker fiel in seinen Farben nicht immer wunschgemäß aus. Man veränderte den

gelben Ocker, indem man ihn über dem Holzfeuer bei unterschiedlich hohen Temperaturen brannte und so die Färbung kontrollierte.

EIN KESSEL KONFITÜRE
Vom Rhônetal bei Avignon bis an den Saum der Montagne de Luberon erstreckt sich ein wahrer Garten Eden: Pfirsiche, Kirschen, Aprikosen, Erdbeeren, Melonen – alles gedeiht hier in erstklassiger Qualität. Apt gilt als die Hochburg der provenzalischen *fruits confits;* Madame de Sévigné beschrieb das Städtchen in ihren Briefen einst als „Chaudron à confiture", als einen Kessel voll Konfitüre. Generationen von Confi-

seuren haben in Apt die Kunst der *fruits confits* perfektioniert – geblieben sind von diesen Spezialisten bis heute nur eine Handvoll. Und eine Großfabrik. *Confire* bedeutet zunächst nichts anderes als zubereiten. Das vollreife Obst wird blanchiert, danach in ein Schwefelbad getaucht, damit es nicht zur Gärung kommt. Beim eigentlichen Kandieren wird dann das Wasser der Früchte durch Zucker ersetzt. Damit das Ergebnis nicht zu süß wird und das Fruchtaroma erhalten bleibt, ist großes Feingefühl erforderlich. Wochen, ja Monate kann der Austausch in Anspruch nehmen; mindestens sieben Zuckerbäder, so heißt es, seien dazu erforderlich.

EIN ZWEI-STERNE-KOCH IM GESPRÄCH

Feine, kräuterreiche Küche

Edouard Loubet hat in der Provence seine Heimat gefunden. Die Region bietet ihm alles, was er für seine Kochkunst benötigt.

Edouard Loubet ist der jüngste Zwei-Sterne-Koch der Provence. In Savoyen geboren, ist er inzwischen im Luberon zu Hause.

Wir treffen uns an einem Nachmittag im Frühsommer in Bonnieux, einem mittelalterlichen Wehrdorf zehn Kilometer südlich von Apt. In der Bastide de Capelongue, einem Luxushotel vor den Toren des Ortes, hat Edouard Loubet seine Wirkungsstätte. Loubet empfängt uns mit einem entspannten Lachen an der Seite seiner Frau zum Aperitif in der Küche. Schon über seiner Moulin de Lourmarin strahlten 1999 zwei der begehrten Himmelskörper des Guide Michelin, seit 2011 auch über der Bastide.

Was oder wer hat Sie an den Herd gebracht?
Ich bin durch meine Familie vorbelastet; schon mein Großvater war Gastronom, und meiner Mutter gehörte das Hotel Fitz Roy in Val-Thorens. In diesem Ort in Savoyen bin ich geboren und dort habe ich meine Kindheit verbracht.

Zunächst sah es doch so aus, als würden Sie im Sport Karriere machen?
Ja, das stimmt. Ich galt als Bergsport-Talent und wurde Mitglied der „Equipe France Espoir" in der Alpin-Ski-Disziplin. Hinter diesem Namen verbirgt sich eine Art Mannschaft der Hoffnungsträger, eine Vorauswahl für professionelle Wettbewerbe. Doch dann ging ich erst mal für ein Jahr in die Vereinigten Staaten von Amerika und nach Kanada. Als ich zurückkam, war meine Entscheidung gefallen: Ich wollte unbedingt auch in die Gastronomie.

Edouard Loubet verwendet in seiner Küche
duftende Kräuter und Gewürze aus dem eigenen
Garten oder den nahen Bergen. Sie kommen in
Gerichten wie der „Barigoule" zum Einsatz oder
auch bei den „Rougets de roche" (Rotbarben).

in der Bastide de Capelongue kann man nicht nur in charmant gestalteten Räumen nächtigen und sich mit feinsten Speisen verwöhnen lassen. In Kochkursen lässt sich gleich vor Ort abschätzen, ob der Weg zu den eigenen Sternen noch weit ist.

Sie haben bei Ihrer Bewerbung um einen Ausbildungsplatz die Latte gleich ziemlich hoch angelegt.
Ich wollte unbedingt bei den Besten der Branche lernen. Daher habe ich alle zwanzig damaligen Drei-Sterne-Köche angeschrieben. Alain Chapel hat mich genommen. Ein Jahr bin ich bei ihm in Mionnay geblieben, danach wechselte ich in die Mannschaft von Pierre Orsi bei La mère Brazier in Lyon. Als Nächstes ging ich in der gleichen Stadt zu Philippe Chavent ins La tour rose und schließlich zu Marc Veyrat nach Annecy. Dort entdeckte ich meine Leidenschaft für wilde Kräuter.

FAKTEN

3 maisons de Edouard Loubet
Edouard Loubet betreibt in der Provence mehrere Häuser:
Bastide der Capelongue, 17 Zimmer
Ferme de Capelongue, 14 Appartements
Galinier de Lourmarin, 12 Zimmer

Adresse
Domaine de Capelongue
Les claparèdes
Chemin de cabanes
84480 Bonnieux

www.capelongue.com

Von den Alpenkräutern zog es Sie letztlich zu den Herbes de Provence?
Das war 1992. Meine Mutter und ich kauften in diesem Jahr eine alte Ölmühle in dem Örtchen Lourmarin im Luberon. Wir renovierten sie und wandelten sie in ein Hotel mit Restaurant um. Außerdem legten wir – mit der Unterstützung meines Großvaters und eines Gärtners – einen fünf Hektar großen Kräuter- und Gewürzgarten an. Der liefert mir bis heute fast alles, was ich als Basis für meine Küche brauche, zudem Früchte, historische Gemüsesorten, Aromapflanzen und vieles mehr.

Wie charakterisieren Sie Ihren Kochstil?
Leicht, aromenstark, ein bisschen verrückt. Aber natürlich stimmig. Statt zu schockieren, möchte ich überzeugen. Es geht mir um eine behutsame Modernisierung der traditionellen provenzalischen Küche. Möglichst kein tierisches Fett, keine Sahne oder Butter.

Das klingt nach einer Mischung aus Jungdynamik und Klassik?
In jedem Gericht strebe ich danach, den jeweils authentischen Geschmack zu finden. Deshalb kaufe ich das Fleisch von benachbarten Bauern und Fisch aus Marseille. Auch viele andere Produkte beziehe ich hauptsächlich aus der Region. Beispielsweise für die „Barigoule", eine sämige Suppe unter anderem aus provenzalischen Artischocken unter der Brotkruste.

Die Märkte der Region lassen kaum Wünsche
offen: Jeder Genießer gerät angesichts der Fülle
an Angeboten und der Farbenpracht rasch in
Verzückung.

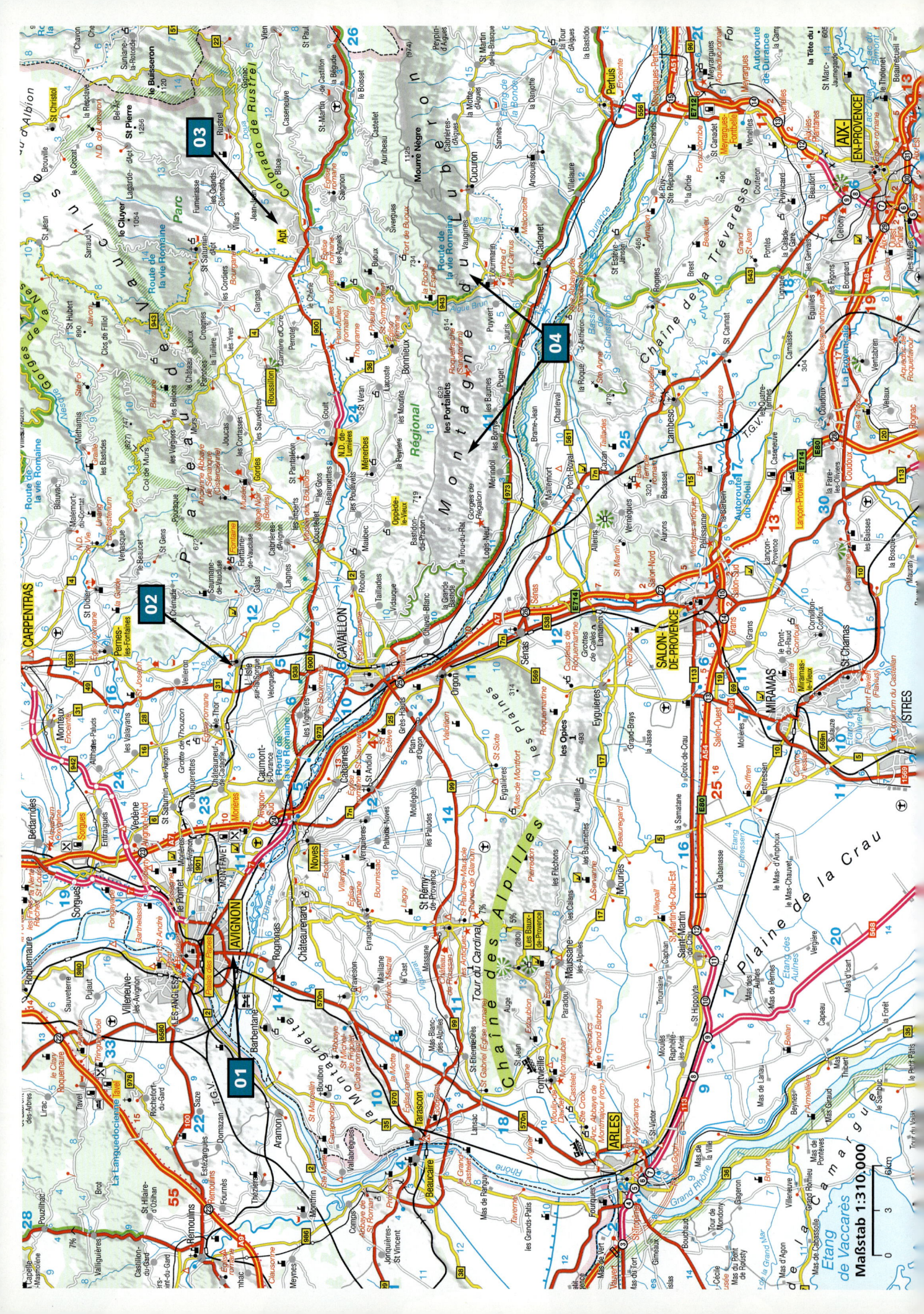

Palastarchitektur und uralte Steindörfer

Dramatisch fast wirkt die Papstmetropole, mediterrane Leichtigkeit hingegen verströmt Isle-sur-la-Sorgue mit seinen Kanälen. Die Ockerbrüche bei Roussillon und Rustrel verzaubern durch ihr Farbspiel. Geheimnisvoll gibt sich die Quelle der Fontaine de Vaucluse, malerisch klammern sich alte Steindörfer an die Hänge des Luberon.

01 AVIGNON

Dominiert von dem festungsartigen Palast der Päpste und umgürtet von einer noch fast vollständig erhaltenen, mittelalterlichen Mauer, steht Avignon, dessen historisches Zentrum als UNESCO-Welterbe geschützt ist, heute vor allem für internationale Theaterkultur. Im hohen Mittelalter kämpften der französische König, der deutsche Kaiser und die Grafen der Provence um die Stadt am Rhôneufer. Während des Exils der Päpste zog Avignon eine Fülle von Künstlern und Händlern an. Bis heute prägt vor allem das junge, künstlerische Flair die Stadt.

Sehenswert/Museum

Der architektonisch verschachtelte **Papstpalast ▶TOPZIEL** ist mit seinen 15 000 m² Nutzfläche das größte gotische Gebäude der Welt. Mehr als 20 Räumlichkeiten sind im Palais des Papes zu besichtigen, darunter die Privatgemächer der Päpste mit den Resten von Fresken und die Grande-Chapelle mit ihren gewaltigen Ausmaßen. Generell aber ist wenig geblieben von der einst prunkvollen Innenausstattung (www.palais-des-papes.com, tgl. ab 9.00/9.30 Uhr). Direkt neben dem Papstpalast, dessen Ehrenhoffassaden seit 2013 mit einem 3-D-Lichtspektakel illuminiert werden, erhebt sich die **Kathedrale Notre-Dame-des-Doms** (Ursprung im 12. Jh.), letzte Ruhestätte unter anderem für die Päpste Benedikt XII. und Johan

nes XXII. Vom nördlich gelegenen **Rocher des Doms,** einem in eine Gartenanlage umgewandelten Kalkfelsen, bietet sich ein schöner Blick auf die Dächerlandschaft der Altstadt, die Rhône und den Torso des **Pont St-Bénézet.** Die zentrale **Place de l'Horloge** südöstlich des Papstpalastes säumen Dutzende von Cafés, das Rathaus, der Uhrturm und die Oper. Zum Fluss zu erstreckt sich dahinter das elegante Avignon mit feinen Restaurants und Boutiquen, während man östlich der Shoppingmeile Rue de la République in die Gassen und auf die kleinen Plätze der alten **Färberviertel** gelangt, mit ihren jungen Bars und Kneipen. Der Brückenkopf des Pont St-Bénézet birgt ein kleines **Chansonmuseum** (Öffnungszeiten wie im Papstpalast).

Veranstaltung

Das **Festival d'Avignon** bietet jährlich im Spätsommer große und neue Theaterkunst (www.festival-avignon.com).

Einkaufen

Weinliebhaber finden in der **Bouteillerie du Palais des Papes** (Eingang Rue Pente Rapide) eine stets wechselnde Auswahl der besten Winzer aus dem Anbaugebiet Côtes du Rhône zu Preisen wie auf der Domaine (Weingut).

Umgebung

Das UNESCO-Welterbe **Pont du Gard** gehört offiziell zum Département Gard (20 km westl.). Das 275 m lange und rund 49 m hohe Aquädukt aus dem 1 Jh. gilt als das besterhaltene aus der Römerzeit. Schon von Weitem zu sehen ist in **Villeneuve-les-Avignon** am westlichen Rhôneufer der Tour Philippe-le-Bel, der herrliche Ausblicke bietet; auf die Papststadt ermöglicht diese auch die Festung mit der Klosterruine St-André. Die Chartreuse du Val de Benédiction (14. Jh.) am nördl. Ende der Rue de la République ist Frankreichs ältestes Kartäuser-Kloster (www.villeneuvelesavignon.fr, ab 9.00/9.30, Sa., So. ab 10.00 Uhr). Für Weinliebhaber ein Muss ist ein Besuch in **Châteauneuf-du-Pape** (13 km nordl.) mit seinen Weinkellern. Umspannt von Platanenalleen anstelle der alten Stadtmauern, birgt **Carpentras** (22 km nordöstl.), das einst zum Eigentum des Heiligen Stuhls zählte, eine gotische Kathedrale (St-Siffrein) und seit dem 14. Jh. auch eine bemerkenswerte Synagoge. Ebenfalls ein eindrucksvolles jüdisches Gotteshaus steht im Herzen der Melonen-Metropole **Cavaillon** (27 km südl.), deren fruchtbare Umgebung sich nicht zuletzt dem Canal St-Julian verdankt.

Information

*Office de Tourisme d'Avignon
41, Cours Jean Jaures, 84000 Avignon
Tel. 04 32 74 32 74, www.ot-avignon.fr*

Strahlend wie viele kleine Sonnen

02 ISLE-SUR-LA-SORGUE

Angelegt auf Pfählen in einem Geflecht von Wassergräben, rühmt sich das Sorgue-Städtchen, das „Klein-Venedig der Provence" zu sein. Im Frühjahr ist der Ort von blühenden Mohnfeldern umgeben.

Sehenswert

Es plätschert und sprudelt, wohin man auch blickt. Einige bemooste **Schaufelräder** erinnern an die Zeit, als mehr als 70 Mühlräder von der Sorgue angetrieben wurden und die Textilindustrie an ihren Ufern florierte. Die Altstadt ist geprägt von einem Gewirr aus Gassen und Kanälen. Im Zentrum der herrschaftlichen Bürgerhäuser steht die **Stiftskirche Notre-Dame-des-Anges** mit ihren prachtvollen Barockdekors (Mo.–Fr. ab 10.00, So. ab 10.30 Uhr).

Aktivität

Der farbenfrohe provenzalische **Markt** im Ort sorgt für heftige Verkehrsstaus (Do. und So.).

Veranstaltung

Wie es war, als Fischer ihre Existenz mit dem Fang von Flusskrebsen bestritten, lässt der **Marché flottant,** der „schwimmende Markt", an jedem 1. August erahnen.

Einkaufen

Jedes Wochenende öffnen sieben „**Antiquitätendörfer**" am Stadtrand ihre Tore; an den Trödelmessen zu Ostern und am 15. August kommen weitere 500 Aussteller hinzu. Isle-la-Sorgue ist damit nach Paris der zweitgrößte französische **Antiquitätenmarkt.**

Umgebung

Schon Petrarca besang in seinen Sonetten den Zauber der **Fontaine de Vaucluse,** der heute freilich kräftig vermarktet wird. Im Zentrum widmet sich das Musée-Bibliothèque Pétrar-

Infos

que dem Werk des italienischen Dichters (Rive gauche de la Sorgue, Mi.–Mo. ab 10.00 Uhr). Weiter westlich, abgeschieden in einem engen Tal und umgeben von Lavendelfeldern, strahlt die im 12. Jh. gegründete **Zisterzienserabtei Sénanque** Harmonie aus. Die auf einem für die Zisterzienserbaukunst typischen Grundriss errichtete Kirche ist aus topografischen Gründen heraus nach Norden und nicht wie sonst nach Osten ausgerichtet. Seit einigen Jahren leben wieder Mönche im Kloster, daher können nicht alle Räume besichtigt werden (www.senanque. fr). Um eine Felsnase, die das Coulon-Tal überragt, drängen sich die hellen Steinhäuser von **Gordes** (südl. von Sénanque; www.gordes-vil lage.com). Der ungarische Op-Art-Künstler Victor Vasarely ließ das dominante Renaissanceschloss für sich restaurieren und erweckte damit das fast verlassene Bergdorf zu neuem Leben. Das Schloss beherbergt heute das Lebenswerk des 1988 verstorbenen belgischen Malers Pol Mara (tgl. ab 10.00 Uhr). Das Freilichtmuseum **Village des Bories** (südl., Mo.–Sa. 10.00–12.00 und 14.00–18.30, Okt. bis Mai Di.–Sa. 10.00–12.00 und 14.00–17.30 Uhr) illustriert die Trockensteinbauweise der Region. Auf etwas mühseligere, aber sehr imposante Art erklärt diese mörtellose Technik auch der Bories-Lehrpfad von **Goult**, der hinter der Windmühle (Moulin de Jérusalem) im Ort beginnt.

Information

Office de Tourisme du Pays des Sorgues et des Monts de Vaucluse,
Place de la Liberté, 84800 L'Isle-sur-la-Sorgue,
Tel. 04 90 38 04 78, www.islesurlasorgue.fr

03 APT

Schon unter Kaiser Hadrian erlebte die Siedlung am Calavon eine Blüte. Im Mittelalter

wurde das Zentrum mehrmals verwüstet. Legendär ist heute der Apter Samstagsmarkt auf der Place des Martyrs.

Sehenswert

In der **Kathedrale St-Anne** (11./12. Jh.) mischen sich romanische und gotische Elemente; die Krypta reicht über zwei Ebenen. Von der mittelalterlichen Stadtmauer ist noch die **Porte de Saignon** erhalten. Mit schönen Portalen geschmückte **Bürgerhäuser** (16.–18. Jh.) zeugen vom einstigen Wohlstand des heute rund 10 000 Einwohner zählenden Städtchens.

Museum

Das **Musée de l'aventure industrielle**, untergebracht in den Räumen einer ehemaligen Fabrik für kandierte Früchte, widmet sich der Geschichte und dem Herstellungsprozess der *fruits confits* sowie jener der Ockergewinnung in der Region (Place du Postel, Okt.–Mai außer Di. und So. 10.00–12.00 und 14.00–17.00, sonst 10.00–12.00, 15.00–18.30, So. 15.00–19.00 Uhr).

Aktivität

In der ehemaligen Ockerfabrik Mathieu ist das **Conservatoire des Ocres et Pigments Appliqués** untergebracht (1,5 km von Roussillon, Route d'Apt, www.okhra.com; mit Führungen und Farbworkshops).

Umgebung

Eines der ältesten Weinschlösser der Region ist das **Château de Mille** an der Route de Bonnieux aus dem 13. Jh. (2 km westl.; www.cha teau-de-mille.com). „Rotes Delphi" nannte der Regisseur Jean Vilar das auf einer Bergkuppe thronende Dorf **Roussillon**, an dessen Rand einer der berühmtesten Ockerbrüche liegt (11 km nordöstl.). Auf speziell angelegten Pfaden ist hier die Farbvielfalt der Ockerfelsen auf engstem Raum zu bestaunen. Überwältigend

ist der Blick vom Castrum – einer Felsterrasse – auf die Ockerschlucht Feental (Val des Fées). Etwa 10 km nordöstlich von Apt steigt man bei **Rustrel** ein in den **Colorado de Provence** ▶**TOPZIEL**. Markierte Wege erschließen das lang gestreckte Ockergrubengebirge. Zum einzigen noch betriebenen Ockerbruch der Region gehörten die **Minen von Bruoux** bei Gargas (Route de Croagne, Mitte März–Mitte Nov. tgl. ab 10.00 Uhr, www.minesdebruoux.fr, www. ocres-de-france.com).

Information

Office de Tourisme Apt et du Pays d'Apt,
20, Avenue Philippe de Girard, 84400 Apt,
Tel. 04 90 74 03 18, www.luberon-apt.fr

04 LUBERON

Bergwiesen und Weinschlösser, Zedernwälder und Bergdörfer – der Luberon ist eines der schönsten Fleckchen der Provence. Geprägt von der gleichnamigen ca. 60 km langen Kette von Kalksteinfelsen auf der Nordseite des Durancetals, mit dem Mourre Nègre als höchstem Gipfel (1125 m), ist das Gebiet auch als Naturpark unter Schutz gestellt. Die einsamen Höhen des durch eine Schlucht geteilten Luberon-Kamms sind ein Paradies für Wanderer und Radfahrer wie auch für Künstler.

Sehenswert/Museum

In dem lang gestreckten Festungsdorf **Ménerbes** spielten sich während der Religionskriege blutige Kämpfe ab; später kaufte sich Pablo Picasso hier ebenso ein wie der britische Autor Peter Mayle. Eine schmale Gasse führt zum Aussichtspunkt an der Kirche (14. Jh.). Wie Ménerbes schon von Weitem zu sehen sind das Ruinendorf **Oppède-le-Vieux** (westl.) und **Lacoste** (östl.) mit seiner markanten Schlossruine. Ursprünglich war das herrschaftliche Gemäuer im Besitz des umstrittenen Schriftstellers Marquis de Sade (geb. 1740). Inzwischen hat der Modemacher Pierre Cardin es zur Kulisse für zeitgenössische Skulpturenkunst und ein Sommerfestival gemacht (www.festivalde lacoste.com. Gegenüber von Lacoste liegt ebenfalls auf einem Hügel **Bonnieux** mit engen, steilen Gassen. Lohnend ist ein Besuch während des Marktes am Freitag. Stundenlang spazieren oder biken kann man in Frankreichs größtem **Zedernwald** (6 km südl. von Bonnieux). Hält man sich talwärts in Richtung Apt, gelangt man zum römischen **Pont Julien**. Die fast 50 m lange, dreibögige Brücke stammt aus dem 2. Jh. v. Chr. Nach Süden zu schlängelt sich ein Sträßchen vom Kamm des Luberon durch die Kalksteinfelsen hinab in die Ebene von **Lourmarin**. Umgeben von Mandelhainen und

Sanfte Farben zaubert die Natur über die Landschaft bei Apt.

Filmreife Kulisse

Schauplätze der Filmgeschichte gibt es hier in Hülle und Fülle: Fernandel agierte in den Fünfzigern in Goult; Teile von Marcel Pagnols „Manon des sources" und „Jean de Florette" wurden in Vaugines gedreht. Und die Bilder von den blühenden Lavendel-Feldern um Sault ließen die duftende Welt des Grenouille in „Das Parfüm" (Buch: Patrick Süßkind) lebendig werden. Auch die Provence-Romane des Engländers Peter Mayle wurden natürlich vor Ort verfilmt: „Ein gutes Jahr" hatte u. a. Cucuron (Abb.) zum Schauplatz.

Reben wirkt das von seinem Renaissance-Schloss (www.chateau-de-lourmarin.com) dominierte Dorf sehr mediterran. Läden sorgen für eine lebendige Atmosphäre. Albert Camus fand hier auf dem Friedhof seine letzte Ruhestätte. Die ehemalige **Zisterzienserabtei Silvacane** (ab 12. Jh.; 4 km südl.) trägt auch Elemente der Gotik (www.abbaye-silvacane.com, ab 10.00 Uhr, außer im Sommer Mo. geschl.).
Zu Füßen Ménerbes' ist auf der Domaine de La Citadelle das kuriose **Korkenziehermuseum** zu besuchen (www.musee-tirebouchon.com).

Restaurant
Eric Sapet verwöhnt in €€€/€€€€ **La petite maison** mit hochklassigen Kreationen (Place de l'Etang, Cucuron, www.lapetitemaisondecucuron.fr).

Einkaufen
An der kleinen Place d'horloge in Ménerbes ist die **Maison de la Truffe et du Vin du Luberon** untergebracht, mit Weinen der Region.

Information
Office de Tourisme intercommunal du Canton de Bonnieux; 7, Place Carnot, 84480 Bonnieux, Tel. 04 90 75 91 90, www.tourisme-en-luberon.com

Im Zeichen des Ockers

Durch einige der schönsten Landschaften des Regionalparks Luberon und zu eindrucksvollen Dörfern mit Ockerabbau führt diese gut beschilderte Rad-Route rund um Apt. Knapp 200 m Höhenunterschied sind auf der 51 km langen Strecke zu bewältigen.

Vor dem Tourismusbüro von Apt stehen die beiden ersten Hinweisschilder; wir entscheiden uns für Grün, die West-Route, und schwingen uns in den Sattel. Gemächlich rollt es die ersten 2 km, doch dann steigt das Sträßchen schon nach Gargas an. Das Zentrum der verstreuten 3000-Seelen-Gemeinde liegt auf 280 m Höhe, umgeben von den Bergkuppen Colline de Perréal, du Fort und de la Gardette. Letztere zählt, wie unser nächstes Etappenziel Roussillon, zu den zehn Stätten mit Ockervorkommen im Luberon.

Ockerformationen bei Apt

EIN BAD IN ORANGETÖNEN
9 km haben wir bis Roussillon zu treten, durch die Felder bei Les Lombards. Pause also und Besichtigung der Ockerbrüche. Bis Saint-Saturnin-lès-Apt steigt die Strecke dann nach unserer Rast sacht, aber stetig; eng schlängelt sie sich an den Ausläufern der Monts de Vaucluse entlang. Nach Villars rollen wir zunächst zu Tal. Umgeben von Weinstöcken, thront der Dorfkern auf einer kleinen Erhebung. Nach gut 7 km ostwärts nähern wir uns dem Höhepunkt der Tour: Rustrel. Der Boulevard du Colorado bringt uns zu einem Parkplatz, wo wir die Räder anschließen. Ein Stündchen spazieren wir, hinein in den atemberaubenden „Colorado de Provence", eine lang gestreckte Ockerbruchlandschaft. Die D22 bringt uns schließlich über Les Jean-Jean rasch zurück nach Apt.

WEITERE INFORMATIONEN

Die 51 km lange Tour folgt weitgehend kleinen Straßen ohne besonderen Fahrradweg. Zwei Routen sind ausgeschildert, in Grün und in Ocker. Radverleih und Tour-Begleiter u. a. über http://de.veloloisirluberon.com (203 rue Oscar Roulet, 84440 Robion, Tel. 4 90 76 48 05) oder www.luberon-biking.fr (90 rue du stade, 84740 Velleron Tel. 0490 901 462).
Wer's gemütlich mag, erkundet die Ockerregion per Kalesche (www.provencehipposervices.com).

„Kleines Rom" und wilde Tiere

Mit Teichen und Sümpfen erstreckt sich der Landstrich zu Füßen des antiken Arles, jener Stadt, in der van Goghs Sinnsuche mit furiosem künstlerischem Schaffen verschmolz. Windmühlenflügel, Reisfelder und prächtige Folklore liefern bis heute dem Auge wunderbare Motive. An den Flanken des kalksteinhellen Alpilles-Massivs erstaunen uralte Dörfer, umgeben von Rebgärten und Olivenhainen; in Städtchen wie St-Rémy und Salon-de-Provence herrscht typisch südfranzösische Alltagsatmosphäre.

Ungezähmte Natur prägt die Camargue, in der sich prächtige Wildpferde zeigen.

Bei der Fête des Gardians kommen Jung und Alt zusammen, um traditionell zu feiern.

Zu römischer Zeit ließen sich im zweigeschossigen Amphitheater von Arles
Zehntausende von Menschen begeistern.

Relikte der Antike belegen die frühe Bedeutung des einstigen „Arelate" (keltisch: Sumpfort)

Special STIERKAMPF

Kräftemessen mit dem Stier

Zu Anfang des 15. Jahrhunderts berichteten provenzalische Chroniken erstmals von einem „Stierspiel" – einem Kampf zwischen Stier und Löwe.

Ende des 17. Jahrhunderts dann wurden den Stieren kleine Kokarden an die Hörner gebunden. Die „Course Camarguaise" ist bis heute ein Festtag. Frühmorgens fangen die Stiertreiber die halbwild lebenden Tiere in den weiten Ebenen ein und treiben sie zur Arena. Der traditionelle Umzug in historischen Gewändern hoch zu Pferd

Chef im Ring ist hier der Stier

oder in alten Kutschen bildet den Auftakt zum großen Fest. Bald ist die Arena bis auf den letzten Platz besetzt. Wenn die weiß gekleideten Kämpfer auf der Flucht vor den Stieren mit mutigen Sprüngen hinter der hölzernen Absperrung Zuflucht suchen, tobt das Publikum. Gelingt es nicht, innerhalb von rund 15 Minuten die Kokarde zu ergattern, darf das Tier als Sieger die Arena verlassen.

Offen und ruhig, vom Mistral klargefegt und erfüllt von vornehmer Festlichkeit, birgt Arles nicht nur architektonisch viele verschiedene Facetten. Das antike und romanische Erbe ist allgegenwärtig. Es lebt, inzwischen zum UNESCO-Welterbe erklärt, Seite an Seite mit den Zeugnissen bürgerlicher Renaissance, die oft Hülle sind für exquisite Herbergen und exzellente Stätten des Genusses. Aber nicht nur der Sinn für feines Design und feine Speisen zeichnet die Arlesianer aus. Dichter und Maler besingen von alters her vor allem die Damen der Stadt, jene mit stolz erhobenem Haupt wandelnden „Arlésiennes", deren reizvolle, aber kompliziert zu arrangierende Tracht oft mit der Raffinesse japanischer Tradition verglichen wird.

DER MERKWÜRDIGE SONNEN-BLUMENMALER

Auch van Gogh liebte Arles und die japanische Kunst. Aber die Arleser Bourgeoisie war nicht besonders angetan von dem sonderbaren Niederländer, der eine Künstlerkommune in ihrer Stadt gründen wollte und im Café de la Nuit reichlich dem Absinth zusprach. Im Februar 1888 war Vincent van Gogh in der Römerstadt angekommen, und bis zur Abreise im Mai 1889 schuf er hier mehr als 300 Zeichnungen und Gemälde, darunter „Terrasse des Cafés am Abend", „L'Arlésienne: Madame Ginoux" sowie die legendäre Serie der „Sonnenblumen" (in der Vase). Aber kein einziges seiner Werke verblieb in der Stadt. Die 15 Arleser Monate gelten als die produktivste Schaffensphase des Künstlers; das Licht der Provence begeisterte ihn ungemein. Er machte mit seinem Skizzenblock Ausflüge in die Umgebung, so in den Wallfahrtsort Stes-Maries-de-la-Mer, von St-Rémy aus auch in die bizarre Felslandschaft der Alpilles. Ein abgeschnittenes Ohr und weitere „nicht näher definierte Anfälle" aber bewirkten Einweisungen ins Ancien Hôpital Dieu. Schließlich reichten

Wind und Wasser haben ihre Spuren tief in die Felsen bei Les Baux-de-Provence gegraben.

Literarisch besetzt: die Mühle von Daudet bei dem Alpilles-Städtchen Fontvieille

Die Felsenfestung Les Baux-de-Provence liegt spektakulär hoch oben auf dem Felsplateau.

die Arleser im Rathaus schriftlich die Bitte ein, den Künstler auf Grund vergangener Ereignisse sowie seines „unheimlichen" Verhaltens im Krankenhaus zu internieren. „Locco" (Verrückter) riefen ihm die Kinder auf der Straße nach. Tief gekränkt verließ van Gogh daraufhin Arles und begab sich ins Kloster St-Paul-de-Mausole in St-Rémy. Die dort untergebrachte Nervenheilanstalt behandelte Patienten, die nach dem damaligen Wissensstand als geisteskrank galten. Bis Mai 1890 blieb er – abwechselnd von Krisen heimgesucht und von Schaffensdrang beseelt – in St-Rémy. Danach begab er sich in die Obhut des Kunstsammlers und Arztes

Dr. Paul Gachet in Auvers-sur-Oise – wo er am 29. Juli des gleichen Jahres an einer wohl von eigener Hand abgefeuerten Pistolenkugel in der Brust starb.

BRIEFE AUS DER MÜHLE

Er hat niemals in ihr gewohnt (sondern meist im Château de Montauban), doch Alphonse Daudets „Lettres de mon moulin" haben der Moulin Ribet schon früh zu Ruhm verholfen. Seitdem der in Nîmes geborene Autor in seinen Briefgeschichten über die Weizenmühle von Fontvieille berichtete, strömen jährlich Tausende auf den Hügel vor dem Städtchen. Der Autor selbst hielt Fontvieille und der Provence fast 30 Jahre die

Treue; er fand hier viele Motive, nicht nur für die „Briefe aus meiner Mühle", sondern auch für andere Erzählungen. Das erste Mal kam der junge Journalist und Autor bereits um 1860 in die Region – und machte zunächst in Maillane Station bei dem großen provenzalischen Dichter und späteren Literaturnobelpreisträger Frédéric Mistral. Sie hatten sich in Paris kennengelernt. Mistral stand damals an der Spitze der Félibrige-Bewegung, die sich für die Wiederbelebung und den Erhalt der okzitanischen (provenzalischen) Sprache in der Literatur einsetzte.

Auch eine besondere „Medizin" fand der junge Autor in der Region. Und so

Vis-à-vis mit den weißen, wilden Pferden – ncht nur für Pferdenarren ein
absolutes Highlight.

Das verdunstende Meerwasser hinterlässt riesige
Salzhalden in der Camargue.

Unbeeindruckt von begeisterten Beobachtern staksen die Flamingos durch die Lagune der Camargue.

liest man in den „Lettres de mon moulin" vom Pfarrer von Graveson, der sich „zwei Fingerbreit eines grünen, goldenen, schillernden, exquisiten Likörs" einschenkt, welcher ihm einen „sonnendurchfluteten Magen" beschert. Heute ist das Elixier des Père bekannt als Likör von Frigolet – nach der Abtei St-Michel-de-Frigolet an der Südflanke der Montagnette. 30 Pflanzen bilden die Basis für das geheim gehaltene Rezept – die meisten davon wachsen in der Umgebung. Natürlich auch der Thymian (provenzal.: *ferigoulo)*, dem die Abtei ihren Namen verdankt.

REIS UND SALZ

Für Robert Bon ist Reis mehr als ein Nahrungsmittel. Ausführlich hat sich der aus einer Reisbauernfamilie stammende Provenzale mit dem asiatischen Getreide beschäftigt. Bereits im 16. Jahrhundert gab es die ersten Reispflanzen in der Camargue. Doch bald gab man die Kultivierungsversuche wieder auf. Nach dem Bau des Rhônestaudamms 1830 setzte man Reispflanzen zur Entsalzung des Bodens ein. Sobald dieses Ziel verwirklicht war, wurden die Anbauflächen beträchtlich verringert und u. a. durch Rebstöcke ersetzt. Parallel dazu begann die Blütezeit der Salinen – vor allem um den Etang (Salin) de Giraud. Für den Transport des Camargue-

Salzes wurden Ende des 19. Jahrhunderts sogar eigens zwei Eisenbahnlinien ins Rhônedelta gelegt. Im Zweiten Weltkrieg besann man sich dort auch wieder des Reisanbaus: „Die Meeresschifffahrt war ja unterbrochen und es herrschte allgemeiner Nahrungsmittelmangel", weiß Monsieur Bon, der in der ehemaligen Reisfabrik seiner Eltern das Musée du Riz de la Camargue eingerichtet hat. Von 250 Hektar wuchs die Anbaufläche für Camargue-Reis rasch auf 13 000 Hektar (1945). Frankreich nutzte das Fachwissen aus seiner Kolonie Indochina für effizientere Reisanbaumethoden im Rhônedelta; die Finanzspritzen des Marshallplanes taten ein Übriges. Kurz bevor in den 1960er-Jahren die so-

genannte Reiskrise ausbrach – bedingt u. a. durch die Konkurrenz aus Norditalien und die Festlegung eines europäischen Reispreises –, bedeckten die Reisfelder der Camargue mehr als 32 000 Hektar – heute sind es immerhin wieder gut 20 000, auf denen der Reis fünf Monate Zeit zum Reifen hat.

WISSEN BERÜHMTER MÄNNER

Zwei Männer und ein Brunnen prägen – neben der Seife – den Ruf von Salon-de-Provence. Die beiden Wissenschaftler wie die Fontäne sind bereits im 16. Jahrhundert verbrieft. Der Moosbrunnen steht fast genau auf halber Strecke zwischen den Denkmälern der Denker Michel de Notredame (Nostradamus) und Adam de Craponne.
Der kühne Ingenieur Craponne (1526 bis 1576) bewahrte die Provence vor einer Dürrekatastrophe, indem er das Wasser der Durance durch Kanäle leiten ließ. Nostradamus, im nahen St-Rémy geboren, machte als Arzt und Astrologe von sich reden, war aber auch als Dichter bekannt und veröffentlichte

Bereits im 16. Jahrhundert gab es die ersten Reispflanzen.

eine Abhandlung für die Konservierung von Konfitüren! Während der Pestepidemie 1525 gelang es ihm, mithilfe eines desinfizierenden Puders und ungewohnter Hygienevorschriften eine große Anzahl von Menschen vor dem Tod zu bewahren – wiewohl er noch nichts von dem Pestbakterium wusste.

GEFÄHRDETER BESTAND

Seeigel in Not

Die Fischer der Côte bleue machen Front gegen die Oursinades. Bei diesen winterlichen Festen in Carry und Sausset-les-Pins werden neben Muscheln und anderen Schalentieren mehr als 10 000 der stacheligen „Meereskastanien" verzehrt. Ihr Bestand gilt als bedroht.

Michel Meacci steht der Zorn ins Gesicht geschrieben: „Jedes Wochenende im Januar und Februar zehn- bis fünfzehntausend Portionen – das ist enorm." Was den Vorsitzenden der regionalen Fischergewerkschaft aufregt, ist für ihn und seine Kollegen eigentlich ein gutes Geschäft: der Verkauf von Seeigeln. Doch die *oursins de mer* werden von Jahr zu Jahr weniger in der Region. Deshalb haben die noch knapp drei Dutzend Seeigel-Fischer von Marseille und den Bouches-du-Rhône 2006 begonnen, jene Feste im Januar/Februar zu boykottieren, bei denen die *oursins* in riesigen Mengen aufgetischt werden: die Oursinades.

Bereits seit rund einem halben Jahrhundert feiern vor allem die Küstengemeinden Sausset-les-Pins und Carry-le-Rouet diese Meeresfeste, bei denen lange Tische direkt am Hafenkai aufgestellt und allerlei Meeresfrüchte zum Verkosten angeboten werden: roh, mit einem Spritzer Zitronensaft, etwas Brot und einem Gläschen Wein. Dazu kommen Seeigel-Gerichte in den Restaurants und die Fischer verkaufen die „Meereskastanien" auch im Dutzend direkt ab Boot.

EIN OFFENER BRIEF ...

Aber Michel und seine Kollegen machen nicht mehr mit. Wieder haben sie bereits in der Vorweihnachtszeit die Bürgermeister der Küsten-Kommunen auf das Problem des arg dezimierten Seeigelbestands in ihrer Region hingewiesen. „Aber wir stießen auf taube Ohren." Daraufhin schaltete sich der regionale Fischereiausschuss ein und bat die

Die Existenz der Fischer ist bedroht, wenn sich der Bestand der „Meereskastanien" weiter reduzieren sollte.

Rathauschefs des Küstengebietes in einem offenen Brief, man möge doch bitte nicht mehr mit dem Namen Oursinade werben.

... UND SEINE KONSEQUENZEN

Dem wurde zwar nicht gleich entsprochen, aber an den letzten drei Sonntagen der Oursinades 2010 bot man keine Seeigel mehr an. Ein Jahr später reagierte eine der Küstengemeinden auch in Sachen Namensgebung: Das Verkostungsfest in Sausset-les-Pins heißt nun „La fête de la mer".

Überdies wurde inzwischen auf Druck der Fédération Française des Pêcheurs en Mer (FFPM) eine strengere Fangbegrenzung festgelegt: Jede Person in der Region PACA (Provence, Alpes, Côte d'Azur) darf während der „Erntezeit" (1. November bis 15. April) nur noch täglich maximal vier Dutzend Seeigel ernten; pro Boot gilt überdies ein Limit von zehn Dutzend. Tatsächlich ist nicht der Seeigel an sich vom Aussterben bedroht, sondern es geht um die geringere Zahl der Populationen – als Auswirkung u. a. von Überfischung und steigender Wassertemperatur.

Der Verkauf der Oursins erfährt mittlerweile eine deutliche Einschränkung zum Schutz der Population.

Maßstab 1:310.000

0   3   6km

Im stillen Zauber des Schwemmlandes

Fruchtbar ist das Land zwischen Rhône und Durance. Bauten des Mittelalters charakterisieren Kleinstädte wie Tarascon; Arles ist vom römischen Erbe geprägt. Stes-Maries-de-la-Mer ist der legendäre Wallfahrtsort der Camargue. Kalksteinhell ist das Alpilles-Massiv, an dessen Saum sich Olivenhaine und Weinfelder erstrecken.

01 TARASCON

Die auf einer Felsinsel im Schwemmland der Rhône erbaute mittelalterliche Königsstadt beeindruckt durch ihr trutziges Schloss.

Sehenswert

Trotz seines Verteidigungscharakters wirkt das **Schloss** des guten Königs René („le bon Roi"), des letzten Anjou-Fürsten, recht elegant. Das mächtige Bauwerk, 1449 vollendet, gilt als eines der schönsten mittelalterlichen Schlösser Frankreichs (chateau.tarascon.fr, tgl. ab 9.30 Uhr). An der Place de la Concorde erhebt sich die **Stiftskirche St-Marthe** mit den 1187 dort entdeckten Reliquien der heiligen Martha. Die fromme Frau, so die Legende, sei mit den „Saintes Maries de la Mer", den beiden heiligen Marien, in der Camargue an Land gegangen. Um das Jahr 48 rettete sie den Ort vor der Tarasque, einem Ungeheuer, „halb Drache, halb Fisch".

Veranstaltung

König René führte zu Ehren der heiligen Martha die Spiele und Kämpfe der Tarasque ein. Bis heute wird das **Spektakel Fête de la Tarasque** Ende Juni zelebriert.

Umgebung

Nordwestlich (2 km) befindet sich die **Abtei St-Michel-de-Frigolet.**

Information

Office de Tourisme Le Panoramique, Avenue de la République, 13150 Tarascon, Tel. 04 90 91 03 52, www.tarascon.org

02 ST-RÉMY-DE-PROVENCE

Schöne Bürgerhäuser aus dem 16. und 17. Jh. prägen den Kern von St-Rémy. Stilvoll und unaufdringlich, verkörpert das reichlich Galerien zählende Städtchen perfekt den Charakter der inneren Provence. Am Rande der eleganten Kleinstadt malte van Gogh im Klinik-Kloster St-Paul-de-Mausole einige seiner Meisterwerke.

Sehenswert

In dem beschaulichen Ortskern steht das **Geburtshaus** des berühmten Arztes und Sehers

Nostradamus (Rue Hoche, keine Besichtigung möglich). Die Reste der römischen Siedlung **Glanum** finden sich südlich des Stadtzentrums. (glanum.monuments-nationaux.fr, tgl. außer Di. 10.00–18.30, Sept.–April 10.30–17.00 Uhr). In der Nachbarschaft steht das romanische **Kloster St-Paul-de-Mausole**. Es fungiert bis heute als Therapieeinrichtung. In einem Flügel wurde ein Museum über van Goghs Zeit in St. Rémy und die Psychiatrie-Geschichte des 19. Jh.s eingerichtet (Route des Baux-de-Provence, www.saintpauldemausole.fr, tgl. 9.30 18.45, im Winter 10.15–17.15 Uhr). Von den mehr als 150 Werken von Goghs, die in St-Rémy entstanden (z. B. „Les iris"), finden sich 21 Reproduktionen auf einem 1,5 km langen **Künstler-Parcours**, der bei der Glanum-Stätte beginnt und bis in die Altstadt von St-Rémy führt.

Museum

Eines der reich verzierten Privatpalais aus der Renaissance, das einstige l'Hôtel Mistral de Montdragon, birgt das **Musée des Alpilles**, eine der schönsten provenzalischen Sammlungsstätten zur Volkskunst und zu dem ländlichen wie industriellen Erbe der Region (1, Pl. Favier, Di.–So. 10.00–18.00, Okt.–Mai 19.00 bis 17.30 Uhr).

Hotels

€€/€€€ **Sous les Figuiers**, ein atmosphärisches 3-Sterne-Haus, ist idyllisch um einen alten Feigenbaum gelegen. Im Hotelatelier können ambitionierte Hobbykünstler Kurse belegen (3, Avenue Taillandier, Tel. 04 32 60 15 40, www.hotel-charme-provence.com).
Inmitten eines großen Parks bietet das €€€/€€€€ **Chateau de Roussan** (Route de Tarascon, Tel. 04 90 90 79 00, www.chateauderoussan.com) 20 elegante Zimmer mit Terracottaböden und teilweise antiken Möbeln.

Hermetisch: das Schloss von Tarascon

Umgebung

Etwa 6 km nordwestlich empfängt **Maillane** den Reisenden mit schönen alten Cafés und dem Museon Mistral im original erhaltenen Wohnhaus des provenzalischen Dichters. Die außergewöhnliche Felsenfestung **Les Baux-de-Provence** (12 km südlich) in den Alpilles ist einer der meistbesuchten Orte der Provence. Er teilt sich in Unter- und Oberstadt. Am östlichen Ortsausgang liegt der **Mas des Oliviers** des Ehepaares Hugues, wo täglich hochwertigstes Olivenöl probiert werden kann (www.castelas.com).
Zu Füßen von Les Baux dehnen sich uralte Olivenhaine. Auf dem Weg westlich nach Arles ist in **Fontvieille** die **Mühle von Daudet** ausgeschildert, die den Dichter inspirierte.

Information

Office du Tourisme de St-Rémy-de-Provence, Place Jean Jaurès, 13210 St-Rémy-de-Provence, Tel. 04 90 92 05 22, www.saintremy-de-provence.com

03 ARLES

Galliens „kleines Rom" punktet bis heute durch das größte erhaltene Amphitheater der Region und den Aufenthalt des niederländischen Maler-Genies Vincent van Gogh. Im 6. Jh. v. Chr. von griechischen Händlern auf keltischem Siedlungsgebiet am Rhôneufer gegründet, zählt Arles zu den ältesten Städten Frankreichs. Julius Cäsar richtete hier eine römische Militärkolonie ein. Erst im Mittelalter erlebte sie wieder einen Aufschwung. Römisches und romanisches Erbe, nun von der UNESCO geadelt, verbindet sich heute mit Architekturen der Renaissance und des Klassizismus. Arles wirkt kleinbürgerlich-vornehm, geschäftstüchtig, aber auch ein wenig verschlafen.

Infos

Sehenswert

Das **Amphitheater** ▶TOPZIEL bot mehr als 20 000 Zuschauern Platz. Bis heute finden in der ca. 140 x 103 m messenden Arena aus dem 1. Jh. an Festtagen Stierkämpfe statt. Ebenfalls noch genutzt wird das auf einem Hügel erbaute **Antike Theater;** von der Bühnenmauer sind nur einige Säulen erhalten. Durch das **Augustustor** (am Ostrand der Altstadt) gelangte man einst auf der Via Aurelia ins Stadtgebiet. Weitere Zeugen der Antike sind hier u. a. die Relikte des alten Forums (Kryptoportikus, westlich der Place de la République) sowie der **Granit-Obelisk,** der das römische Stadion schmückte. Die türkische Stele steht seit dem 19. Jh. auf der Place de la République, dem Platz vor dem Rathaus. An seiner Ostflanke beeindruckt eine der schönsten romanischen Kirchen der Provence, die Benediktiner-Kirche **St-Trophime** – vor allem wegen ihres verzierten Portals und ihres halb gotischen, halb romanischen Kreuzgangs. Säulen und Kapitelle tragen einen reichen Dekor. In St-Trophime wurde Friedrich Barbarossa 1178 zum König gekrönt. An der Fußgängerzone Rue de la République reihen sich (ebenso wie an der Rue des Arènes) prächtige **Stadthäuser** aus dem 16. bis 18. Jh.; in einem von ihnen (Nr. 52) ist auch die erste Boutique des in Arles geborenen Modeschöpfers Christian Lacroix untergebracht. Um an Vincent van Gogh zu erinnern, hat Arles einen kleinen **Parcours** zu noch vorhandenen Motiven seiner Bilder angelegt. Am stärksten frequentiert sind die Stationen „Nachtcafé" am Forumsplatz (heute Café van Gogh) und Hospital (heute Kulturzentrum Espace van Gogh). Am südlichen Rhôneufer liegen die **Konstantinthermen** (ab 9.00/10.00–17.00/18.00 Uhr) und südlich des Zentrums lag außerhalb der Mauern eine der Nekropolen (Alyscamps; ab 9.00/10.00–17.00/18.00 Uhr).

Museen

Das **Musée départemental Arles antique** ist in einem modernen Bau am Rhôneufer (auf den Resten des römischen Circus) im Westen der Stadt untergebracht. Es vereint die archäologischen Sammlungen der Stadt und ihrer Umgebung vom Neolithikum bis in die späte Antike (Avenue 1ere division France libre, www.arles-antique.cg13.fr, tgl. außer Di. 10.00–18.00 Uhr). Initiiert vom Schriftsteller Frédéric Mistral in einem Palais des 15. Jh.s, widmet sich **Le museon Arlaten** dem Leben in der Provence im 19. Jh. (29, Rue de la République, www. museon arlaten.fr, bis 2017 geschl.). Arles-Fan Pablo Picasso vermachte dem **Musée Réattu** 57 seiner Zeichnungen; sie ergänzen die Sammlung von Gemälden des 18. bis 20. Jh.s und Fotografien u. a. von Henri-Cartier Bresson (Rue du Grand Prieuré, www.museereattu.arles.fr).

Veranstaltungen

Arles' **Samstagsmarkt** gilt als einer der schönsten und größten Märkte der Provence. Berühmt sind die **Stierkämpfe**, z. B. jene der **Féria de Pâques** (Ostern) oder der **Féria de Riz** (Reisfest; Sept.; Info: Arènes d'Arles, www.arenes-arles.com). Im Sommer markieren die **Fêtes des Gardians** (1. Mai) und die **Fêtes d'Arles** (Juni/Juli) mit dem Pégulado-Umzug (einem Umzug in historischen Kostümen) und dem Kostümfest den Kalender.

Hotels

Warme Töne beherrschen die 28 individuell gestalteten Zimmer des **€ Hotel de L'Amphitheatre** in einem Altstadtpalais des 18. Jh.s (5 et 7, Rue Diderot, Tel. 04 90 96 10 30, www.hotel amphitheatre.fr). In der Brasserie Nord Pinus saßen schon Pablo Picasso, Jean Cocteau, Ernest Hemingway, der Startorero El Cordobès und andere Berühmtheiten; daher sind auch die edel-nostalgischen 25 Zimmer nicht ganz

Tipp

Edle Seifen

Ursprünglich siedete man die grünen und weißen Barren hauptsächlich in Marseille, daher ihr Name: Savon de Marseille. Aber im späten 19. Jh. versuchte sich auch Salon-de-Provence in der Seifenherstellung. Das Basisprodukt Olivenöl war reichlich vorhanden, hinzu kamen die zunehmende Mechanisierung der Produktion und der Anschluss von Salon ans Eisenbahnnetz. Zwei der ursprünglichen Savonnerien sind zu besichtigen: Marius Fabre und Rampal-Patou (günstiger Direktverkauf inklusive).

Savonnerie Marius Fabre, 148, Av. Paul Bourret, www.marius-fabre.fr
Savonnerie Rampal, 71, Rue Félix Pyat, www.rampalpatou.com

billig im **€€€/€€€€ Grand Hôtel Nord Pinus** (Place du Forum, Tel. 04 90 93 44 44, www. nord-pinus.com).

Restaurant

Im charmanten kleinen Bistro **€€ Le Criquet** (21 Porte de Laure, Tel. 04 90 96 80 51, So/Mo geschl.) stehen vor allem provenzalische Klassiker auf der Karte wie Fischsuppe, Artischocken mit Ziegenkäse.
Japanisch inspirierte Tapas mit Zutaten aus dem provenzalischen Garten – was Sternekoch Jean-Luc Rabanel im schmalen **€€€/€€€€ L'Atelier** auftischt, bezaubert Auge und Gaumen (7, Rue des Carmes, Tel 04 90 91 07 69, www.raba nel.com, Mo./Di. geschl.).

Ausflug

Über die Autobahn gelangt man rasch vom Zentrum ins 30 km westlich gelegene, offiziell jedoch nicht mehr zur Provence gehörende **Nîmes** mit seinen exquisit erhaltenen römischen Bauwerken (www.ot-nimes.fr), darunter u. a. Arènes, Maison Carrée (römischer Tempel) und Carré d'Art (Musée d'art contemporaine).

Umgebung

Nordöstlich der Stadt beeindrucken direkt an der Straße die Ruinen der **Abtei von Montmajour** (4 km; www.montmajour.monuments-nationaux.fr). Zirka 40 km östlich duckt sich unter der auf einem Felsen errichteten Empéri-Burg das Städtchen **Salon-de-Provence**, Hauptort der Crau, Hinterland der provenzalischen Küste. Einst war es Wohnort des Arztes und Astrologen Nostradamus; sein Haus ist heute ein Museum (www.visitsalondeprovence.com).

Information

Office du Tourisme d'Arles
Boulevard de Lices, F-13200 Arles
Tel. 04 90 18 41 20, www.arlestourisme.com

04 CAMARGUE

Das weite Feuchtgebiet zwischen den beiden Rhônearmen bildet eine der schönsten Landschaften Europas. Ihre Fauna und Flora ist durch den rund 85 000 ha umfassenden regionalen Naturpark der Camargue geschützt.

Sehenswert

Mehr als 400 **Vogelarten** leben in der Camargue; auch die Pflanzenwelt ist einzigartig. Markierte Fuß-, Rad- oder Reitwege erschließen die urwüchsige Schönheit der mehr als 2000 Jahre alten Schwemmlandschaft. Der Wallfahrtsort **Stes-Maries-de-la-Mer** hat sich inzwischen ganz auf die Scharen von Touristen eingestellt, die nicht nur alljährlich am 24. Mai

DuMont Aktiv

Auf dem Dach der Kirche von Les Stes-Maries

in den Ort strömen, wenn Roma, Sinti, Jenische und andere Zigeunergruppen ihre Pilgerfahrt zu Ehren ihrer Schutzheiligen, der schwarzen Sara, unternehmen. Ihre Reliquien geleiten sie in einer Prozession aus der mittelalterlichen Wehrkirche Notre-Dame-de-la-Mer zum Meer.

Museen

Das **Musée de La Camargue** im Mas du Pont de Rousty, einem typischen Gehöft an der RD 570, ca. 10 km südwestl. von Arles, zeichnet die Geschichte menschlicher Aktivität in der Region nach und hat einen 3,5 km langen Entdeckungs-Parcours mit hölzernem Ausguck eingerichtet (www.parc-camargue.fr, tgl. außer Di. 9.00–18.00, Okt.–März 10.00–17.00 Uhr, 30 Min. Mittagspause ab 12.30 Uhr; im Jan. geschl). Alles zum Reisanbau erfährt man im **Musée du Riz**, südöstlich über die D 36, Richtung Port-St-Louis-du-Rhône (Route des Salins de Giraud, Rizerie du Petit Manusclat, Le Sambuc, www.museeduriz.fr, Juli/Aug. Di. und Do., sonst nur Di. und auf Anfrage).

Veranstaltungen

Um den 14. Juli sind Höhepunkte des Stierkampfes die **Corridas** „Réjon d'Or" und „Centaure d'Or" in den Arenen von Méjanes und von Stes-Maries-de-la-Mer.

Hotel

Die **€€ Domaine Sainte Cécile** bietet fünf Suiten und zwei Appartements in einem ehemaligen Landkloster in der Nähe des Etang Vaccarès (Tel. 04 90 97 08 92, www.domaine saintececile.com).

INFORMATION

Office de Tourisme, 5, Av. van Gogh, 13460 Stes-Maries-de-la-Mer, Tel. 04 90 97 82 55, www.saintesmariesdelamer.com

Auf Beobachtungsstation

Frankreichs einzige Kolonie rosafarbener Flamingos nistet am Etang du Fangassier im Herzen der Camargue. Dort findet sie seit Ende der 1970er-Jahre reichlich Nahrung. Im Rahmen einer Radtour vom Salzstädtchen Salin-de-Giraud aus gelangt man zur Beobachtungsstation.

Die Hinweisschilder nach Faraman und Beauduc geben die erste Orientierung, dann geht es vorbei an der Compagnie des Salins du Midi. Schon hinter dem Dorf Faraman wird die Straße zur Piste, gesäumt von Teichen. Etwa 1 km nach Tourvieille, einem Verteidigungsturm aus dem 17. Jh., biegt man hinter einem Brückchen nach rechts auf die Digue à la Mer ab.

Der Etang du Fangassier bietet ...

ROSA FEDERN RUNDUM

Von diesem Damm sind sie schon zu sehen, die ersten Flamingos und Reiher. Dort, wo es weitergeht nach Beauduc, versperren Steinblöcke den Weg – Autos dürfen

.... den Flamingos Lebensraum.

hier nicht mehr fahren. Für Drahtesel ist das kein Problem. Ein zweites Hindernis dieser Art erwartet den Radelnden etwa 2,5 km weiter. Dann ist auch schon der Holzkubus der Beobachtungsstation sichtbar. Wer Glück hat, sieht von deren Aussichtsplattform eine rosafarbene Wolke. Alles Flamingos! Etwa 10 000 Paare leben auf der Insel im Etang du Fangassier, sie bauen hier ihre Gelege und brüten. Mit dem Fernglas holt man sich den Vogelalltag ein wenig näher. Das gute Dutzend nun meist gut befestigter Kilometer radelt man durch Stierweiden über Mas St-Bertrand zurück.

WEITERE INFORMATIONEN

Flamingobeobachtungsstation: April bis Ende Juni
Länge der Tour: knapp 30 km; je nach Beobachtungsdauer ist sie in einer Zeit zwischen 3,5 und 5 Std. zu bewältigen
Planung: Das Tourismusbüro in Arles hält ein Faltblatt mit Infos zur Flamingotour (frz.) und Routenkarte vor, die auch als PDF-Dokument abgerufen werden kann unter www.tourisme.ville-arles.fr/document/pdfs_document/1119376797.pdf
Restaurant: Mas St-Bertrand (www.mas-saint-bertrand.com)

Ein offenes Tor zur Welt

Weiße Felsen vor türkisblauem Wasser. Winzige Buchten, die nur per Boot oder zu Fuß erreichbar sind. Sanfte Hügelketten und stille Berglandschaften, denen Marcel Pagnol ein unvergessliches literarisches Denkmal setzte. Ursprüngliche Dörfer, die ganze Malergenerationen begeisterten. Und ein uralter Welthafen, der sich inzwischen zur zukunftsweisenden Kultur-Metropole wandelte. Marseille und seine Umgebung sind wohl das kontrastreichste Stück Provence, das man sich denken kann.

Die Kathedrale La Major in Marseille ist der Hagia Sophia nachempfunden, ihre Kuppeln sind mit einem prachtvollen Dekor überzogen.

Ein Mastengewirr hat sich vor die Fassaden der Häuser am Hafen von Marseille geschoben.

Mit kühlen Erfrischungen lässt sich die sommerliche Hitze von Marseille gut aushalten.

Guter Fang am Hafen von Marseille

Marseille wird von Menschen verschiedener Nationen geprägt, fast die ganze Welt hat der Stadt den Stempel aufgedrückt.

„Marseille gehört dem, der über das Meer kommt."

Blaise Cendrars

Auch das Jahr als Europäische Kulturhauptstadt 2013 hat daran wenig geändert: Schroff wendet die antike Hafenstadt dem Land den Rücken zu. Dem Wasser indes öffnet sie sich weit: ein großzügiges Tor zur Welt, nach Afrika und in den Orient, mit einem tief ins historische Zentrum hineinreichenden Vieux Port und fast 60 Kilometer Küstenlinie, an der sich heute mehr als ein Dutzend Jachthäfen reihen und doppelt so viele Strände. Marseille war und ist mehr als eine Stadt. Das hügelige Konglomerat aus elf Dörfern an der Mündung dreier Flüsse zeigt selbst seinem Kenner immer wieder ein anderes Gesicht. Und immer wieder ist sie für Überraschungen gut: Hier wurde Frankreichs Nationalhymne ebenso geboren wie der Starkicker Zizou (Zinedine Zidane), die beiden Choreografen Marius Petipa und Maurice Béjart, und die Olivenseife und der Pastis haben ebenfalls hier ihren Ursprung.

EIN SCHMUDDELKIND MACHT SICH SCHICK

Kriminalität, Korruption, Arbeitslosigkeit, Überfremdung – lange Zeit stand Marseille in üblem Ruf. Inzwischen hat sich das Blatt gewendet und „Frankreichs Chicago" gilt heute als angesagte Stadt des Landes. Luxuriöse Designhotels, hippe Läden, moderne Restau-

Das Marinemuseum von Marseille ist in der ehemaligen Börse untergebracht.

Romanische und byzantinische Elemente treffen in der Kathedrale La Major in Marseille aufeinander.

Café am Quai des Belges am Hafen von Marseille

Die für ihn errichtete Residenz, das Château de Pharo, bewohnte Napoleon III. nie.

„Marseille ist immer Marseille: Betäubender Lärm auf der Canebière, sinnlose Hast der Leute ...".

Sidonie-Gabriele Colette über Marseille

rants verändern das Gesicht der vor mehr als 2600 Jahren begründeten Mittelmeermetropole. „Marseille ist dabei, seine noble Vergangenheit wiederzufinden", heißt es stolz aus dem Rathaus – vor allem von jenen, die im Tourismus ein zweites Standbein neben dem Industriehafen sehen.

IM ZEICHEN DER KULTUR

Da kam die Wahl zur „Kulturhauptstadt Europas 2013" gerade recht; die bereits angestoßenen Projekte Europort du Sud/ Euromediterranée wurden im Hinblick auf dieses besondere Jahr beschleunigt, erweitert, ergänzt. Das Ergebnis reicht vom hypermodernen Comeback der historischen Straßenbahn über den neuen Gare Maritime, den zweiten Flughafenterminal und die Einweihung der TGV-Strecke zwischen Marseille und Paris bis hin zur Esplanade J4 am Hafeneingang mit dem im Juni 2013 eröffneten Museum der Zivilisationen Europas und des Mittelmeers MuCem. Bereits in den ersten sechs Monaten nach seiner Fertigstellung zog Rudy Riciottis gläserner Würfel mit Netzfassade mehr als zehn Millionen Besucher an. Der Museumsbau des in Algerien geborenen Franzosen steht Seite an Seite mit der ebenfalls neuen, in ihrer Sprungbrett-Optik kaum weniger spektakulären Villa Méditerranée, einem ebenfalls der Mit-

telmeerthematik gewidmeten Kulturzentrum, konzipiert von dem Mailänder Architekten Stefano Boeri. Ein dritter international renommierter Baumeister, der Brite Sir Norman Foster, zeichnet verantwortlich für die komplette Umstrukturierung des Gebiets um den Vieux Port.

Außer mit weiteren neuen Bauwerken – darunter Zaha Hadids Glasturm für die drittgrößte Reederei der Welt – schmückt sich Marseille inzwischen auch mit Kulturstätten wie dem zum Theater umgestalteten „Silo", einem ehemaligen Mehlspeicher am Quai d'Arenc, putzte in die Jahre gekommene Museen heraus und sorgte auch für ein Facelifting von La Friche La Belle de Mai, einer ehemaligen Tabakmanufaktur, die dank kreativer Hausbesetzer zum angesagtesten Treffpunkt alternativer Kultur mutierte. Aber nicht nur im Kern Marseilles tat und tut sich einiges. Im Zuge des Kulturauftritts 2013 entstand beispielsweise auch die „G(rande) R(oute) Marseille – Provence ", ein mehr als 200 Kilometer umfassender Parcours durch Stadtrand- und Naturlandschaften in der Region zwischen Arles, Aix-en-Provence und Aubagne. Die Idee eines Weges als Kunstwerk nimmt Bezug auf die Tatsache, dass Marseille (gemeinsam mit Berlin) bereits Ende des 19. Jahrhunderts das Wandern institutionali-

Sanft schaukeln die bunt bemalten Boote im Hafen von Cassis.

Eine paradiesische Ruhe herrscht um die tief eingeschnittene Calanque d'en Vau.

Special   PASTIS

Beliebter Aperitif in neuen Rezepten

Sein Name bedeutet schlicht „Mischung", vom provenzalischen Wort „pastisson". Und seine Geschichte ist eng mit jener des Absinth verknüpft, der 1915 verboten wurde, weil man herausgefunden hatte, dass er das Nervengift Thujon enthielt.

Als Anfang der 1930er-Jahre der Verkauf von „härteren" Anisgetränken wieder gestattet wird, tritt Paul Ricard auf den Plan. Der junge Weinhändlersohn aus Marseille hatte schon vor geraumer Zeit einen Pastis aus grünem Anis, Lakritz, Fenchel, Muskat, Vanille, Zimt, Zucker und 40-prozentigem Alkohol entwickelt. Höchstpersönlich zieht er nun durch die Bistros und Cafés seiner Heimatstadt, um den neuen Aperitif zu lancieren und das typische, selbst entworfene gelbe Wassergefäß zu verteilen, dessen Tülle die Eiswürfel zurückhält. Bald erobert „der kleine Gelbe" die Bars der Provence und schließlich auch jene der Städte Lyon und Paris.

Die Rezeptur des Pastis ist streng geheim.

Eigentlich ist er klar bronzefarben oder farblos, manchmal blau, durch die Verdünnung mit Wasser wird er milchig. Heute gibt es neben industriellen Herstellern wie Ricard, Pernod und Bardoin (in Forcalquier) eine kleine Gruppe passionierter Familienunternehmen, die ihre eigenen Pastis-Rezepturen entwickelt haben. Jean Boyer zählt zu ihnen wie Frédéric Bernard in der Maison du Pastis am Vieux Port von Marseille.

sierte – u.a. mit der Gründung der „Société des Excursionnistes Marseillais" anno 1896.

DATTELN UND BOUILLABAISSE

In Marseille, heißt es, beginnt der Maghreb. Tatsächlich hat keine andere Stadt Frankreichs einen so hohen Anteil nordafrikanischer Zuwanderer. Aber außer diesen prägen Dutzende weiterer Nationen das Bild der Stadt. Auch kulinarisch. Ein koscherer Schlachter hat seinen Laden gegenüber dem Händler mit „Spécialités orientals", der Datteln, Couscous und Basmatireis in großen Tüten verkauft. An den Marktständen türmen sich Artischocken und Ingwer-Knollen. Es gibt Restaurants mit griechischen, ukrainischen, libanesischen Spezialitäten. Doch der berühmteste Gaumenbotschafter der Hafenmetropole ist nach wie vor die Bouillabaisse. An den Ständen der Fischer im Vieux Port glänzen ihre Zutaten im frühen Morgenlicht.

FELSSPEKTAKEL IN WEISS

Kräftig schaukelnd tuckert das kleine Boot voran. Sein Bug pflügt das Wasser quer zum Schlag der Wellen, die an den Saum der blendend weißen, steil aufragenden Felsküste streben. Plötzlich ändert der Kapitän den Kurs um 90 Grad: Wir fahren hinein in eine Art Fjord, die Calanque d'en Vau. Türkisblaues Wasser schimmert um den Kiel. Der Begriff *calanque* leitet sich ab vom provenzalischen *calanco*, dem Wort für zerklüftet. Er steht für die gesamte Küstenlandschaft zwischen Marseille und Cassis. Über fast 20 Kilometer ziehen sich ab dem Fischerdorf Les Goudes die natürlichen Buchten entlang. Das Auf und Ab des Meeresspiegels während der Eiszeiten schnitt tiefe Kerben in das sonnengebleichte Kalkgestein. In einer von ihnen entdeckte der Speologe Henri Cosquer 1991 eine urzeitliche Wohnhöhle, reich geschmückt mit Ritzungen und Tiermalereien.

In dem Geschäft in Forcalquier warten vielfältige Aromen auf ihre Entdeckung.

Der Parc Mugel (unten) bei La Ciotat fasziniert mit seiner Pflanzenpracht und spektakulären Ausblicken, Aubagne (rechts) mit seiner hübschen Altstadt. La Ciotat (ganz unten) hat sich seinen Charme als Fischerort bewahrt.

An der Route des Crêtes gelegen, erlaubt das Cap Canaille wunderschöne Blicke über Küste, Bucht und die vorgelagerten Inselchen.

WINZIG UND DOCH BEGEHRT

Später am Tag kommen die Schwimmer und Sonnenanbeter, denn so manche der Buchten hat einen Sandstrand und ist groß genug, um kleine Behausungen aufzunehmen, die *cabanons*. Im Sommer pulsiert um diese alten Fischerhütten das Marseiller Freizeitleben; mit Picknick-Schmaus, Boulespiel und Badespaß. Die Häuschen, ohne Strom- und Wasserzugang, entstanden zu Beginn des 20. Jahrhunderts als Schuppen für Fischerboote. Inzwischen werden sie von Generation zu Generation vererbt.

WILDROMANTISCHE BUCHTEN

Über den vom Mistral geschützten Buchten der Calanques herrscht ein besonderes Trockenklima. Es ließ eine spezielle Fauna und Flora entstehen, begünstigt aber auch Waldbrände. Die Buchten sind nur per Fußmarsch oder vom Wasser aus zu erreichen. Segler lieben sie ebenso wie Felskletterer und Taucher. Der Panoramablick vom Küstenpfad ist überwältigend: Über die vorgelagerte Riou-Inselgruppe, aus deren Gewässern man bereits Tausende von Amphoren und hellenische Keramiken von gesunkenen antiken Schiffen barg, reicht er bis zum Horizont.

FILM- UND ROMANKULISSE

Kaum ein zweiter Autor Frankreichs hat Marseille und seine Umgebung so ausführlich und liebevoll in Szene gesetzt wie Marcel Pagnol. 1895 in Aubagne geboren, ab 1904 in Marseille zu Hause, machte der bis heute in ganz Frankreich populäre Sohn eines Lehrers und einer Modeschöpferin zunächst mit Theaterstücken über die Menschen seiner Heimat von sich reden: „Marius", „Fanny" (das sogar für den Broadway adaptiert wurde), „César". Alle diese Bühnenwerke wurden erfolgreich verfilmt. Als Schriftsteller berühmt wurde der Theatermann und Cineast durch die Romantrilogie, in der er seine Kindheits- und Jugenderinnerungen niederschrieb: „La gloire de mon père", „Le château de ma mère" und „Le temps des secrets". Nach Pagnols Tod 1974 kam diese wie auch weitere Werke als Filmversion in die Kinos – mit brillanten Darstellern wie Gérard Depardieu, Yves Montand und Emmanuelle Béart. Fast alle Schauplätze der Pagnol'schen Werke sind bis heute in dem magischen Landschaftsdreieck zwischen Marseille, Allauch und Aubagne erhalten, das ihn inspirierte. Und im 11. Arrondissement von Marseille erfüllte sich posthum sein lang gehegter Traum: Die Stadt richtete im verlassenen historischen Château de la Buzine die „Maison des cinématographies de la Méditerranée" mit fast 500 Quadratmeter Ausstellungsfläche ein. Pagnol hatte es bereits 1944 gekauft.

BLAUES KÜSTENWUNDER (NICHT NUR) FÜR KÜNSTLER

Das blaue Küstenwunder beginnt bereits im Stadtgebiet: L'Estaque, einst einer der Lieblingsorte französischer Künstler am Mittelmeer, liegt heute in Marseilles 16. Arrondissement. Georges Braque, dessen erste Werke vom Impressionismus beeinflusst waren, malte hier am Hafen sein erstes kubistisches Bild. Bevor die Industrie kam, mit Soda-, Fliesen- und Zementfabriken, zog es auch schon Auguste Renoir und Paul Cézanne in das Fischerdorf am Saum kalkweißer Felsen. Der deutsche Maler August Macke war ebenfalls fasziniert von L'Estaques Licht und Farben. Ein „Weg der Maler" erinnert an die großen Künstler an der Côte bleue. Und bis heute ziehen Marseille und seine Umgebung junge Kunstschaffende an.

Der Panoramablick vom Küstenpfad ist überwältigend.

Mode made in Marseille

Die südfranzösische Metropole hat sich seit den 1990er-Jahren zu einem Kreativpool entwickelt, dessen Potenzial weit über das Mittelmeer strahlt. Neue Modelabels erobern die Läden.

Emma François? Muss man die kennen? Wer sich auskennt in Mode, kennt Emma. Oder besser: ihr Label. Sessùn. Eine geschickte Mischung aus mädchenhaft und lässig. Urban Culture Look auf der Basis von jeweils einem guten Dutzend gemusterter Stoffe. Die ersten stammten aus Südamerika. Dort entdeckte Emma ihren Hang zur Couture. In Marseille machte die Anthropologin aus der Neigung ein Metier – mithilfe des Institut Mode Méditerranée, das inzwischen mit der Cité Euroméditerranéenne de la Mode zum Maison Méditerranéenne des Métiers de la Mode (MMMM) fusionierte, einer einzigartigen Institution, die künstlerische und wirtschaftliche Aspekte der Mode vereint. Zum MMMM zählt auch das Musée d'Art Déco et de la Mode de Marseille, das zum Kulturhauptstadtjahr 2013 eine neue

Struktur und neue Räumlichkeiten erhielt.

Maryiline Bellieud-Vigouroux hat über einen Zeitraum von mehr als zwei Jahrzehnten maßgeblich zur Entwicklung all dieser Institutionen beigetragen. Heute steht die Gründerin von IMM und Modemuseum dem neuen Direktor des MMMM als Beraterin zur Seite. „All die Projekte, die nun unter dem Dach des Maison Méditerranéenne des Métiers de la Mode (MMMM) zusammengeführt wurden, sind Garant für die weitere professionelle Entwicklung der Stadt in Sachen Mode", freut sich die italienisch-stämmige Marseillerin.

EIN SPEZIELLER STIL

Maryline Bellieud-Vigouroux steht seit gut 20 Jahren an der Spitze der ständig wachsenden Organisation. „Wir sind quasi der Brutkasten für Designer-Talente", freut sich

Kreative Frauenpower: Die Modeschöpferin Mouna Ayoub und die Gründerin des IMM, Marilyne Bellieud-Vigouroux, vermögen einiges in der Modewelt zu bewegen.

Freie, kühne Formen und frische Ideen machen den „mediterranen Stil" in der Mode aus.

die italienisch-stämmige Marseillerin. 1957 kam sie in der südfranzösischen Hafenmetropole zur Welt; mit ihrer Großmutter entdeckte sie die Welt der Couture. „Omas Schneiderin nähte mir aus Stoffresten Kleider für meine Puppen." Aber es sollte noch fast drei Jahrzehnte dauern, bis aus der Puppenmutter die Promoterin in Sachen Mode made in Marseille wurde. 1986 war das entscheidende Datum. Ihr damaliger Ehemann wurde Bürgermeister von Marseille. Maryline wollte zur Kreation eines neuen Images der Stadt beitragen. Ihre Fragestellung war, was die Einzigartigkeit und Stärke von Marseille ausmachte. „Rasch war mir klar, es ist der Mix der Kulturen, das Miteinander verschiedener gesellschaftlicher Gruppen. Designer, Musiker, bildende Künstler befruchten sich hier gegenseitig; das führte in der Mode schließlich zu diesem ‚mediterranen' Stil, der frei von Konventionen ist, originelle Farben und Materialien verwendet."

MODE MIT AUSZEICHNUNG

Anfangs freilich zeigten sich die Verantwortlichen in Marseille äußerst skeptisch in Bezug auf die Mode-Idee ihrer neuen First Lady. In Paris indes fand sie Unterstützung. Danach wandte sich auch in der Provence das Blatt. Heute verkörpert Maryline Bellieud-Vigouroux quasi die Mode des französischen Südens. 2010/2011 hat sie zwei Designerinnen mit der Charte des Créateurs, dem Stipendienpreis des IMM ausgezeichnet: Christina Sfez und Rosemarie Blum. Sie erhielten jeweils 20 000 Euro, um ihre Marke auf- beziehungsweise auszubauen. Beide De-

signerinnen haben sich in Marseille beziehungsweise in der Umgebung niedergelassen; die retro-dynamischen Kreationen für das Luxuslabel Rosemarie B. entstehen zwischen Marseille und Montpellier; Christinas klarlinige Urbanwear-Marke d.dikate wird in Marseille und Casablanca produziert. „Beide stehen mit ihren Kollektionen für die Dynamik des Modesektors in unserer Stadt."

BEGEHRTE FÖRDERUNG

Vor 20 Jahren war Mode in Marseille noch kein Thema. „Das Institut Mode Mediterranée hat die Akteure dieses Wirtschaftszweigs zusammengebracht, ihnen eine Plattform geschaffen", so Maryline Bellieud-Vigouroux. Inzwischen bietet eine der drei Säulen des MMMM, das Maison de la Formation, zwei Masterstudiengänge mit dem Titel „Métiers de la Mode et du textile" an. Die zweite MMMM-Institution, das Maison de la Création, ermöglicht jungen Talenten von beiden Seiten des Mittelmeeres Master-Klassen, in denen sie von bekannten Größen aus Kultur, Wirtschaft und Wissenschaft unterrichtet werden. La Maison des Evénements Economiques et Culturels (MEEC) schließlich führt den Ansatz des IMM weiter, junge Marken und Unternehmer der Region Provence-Alpes-Côtes Azur auf den Weg zu bringen bzw. zu fördern.

Emma François ist mit ihrem Label Sessun längst weit über die Grenzen Frankreichs hinaus bekannt. Nach einem längeren Aufenthalt in Südamerika lebt sie inzwischen jedoch wieder dort, wo ihre Karriere als Modedesignerin begann: in Marseille.

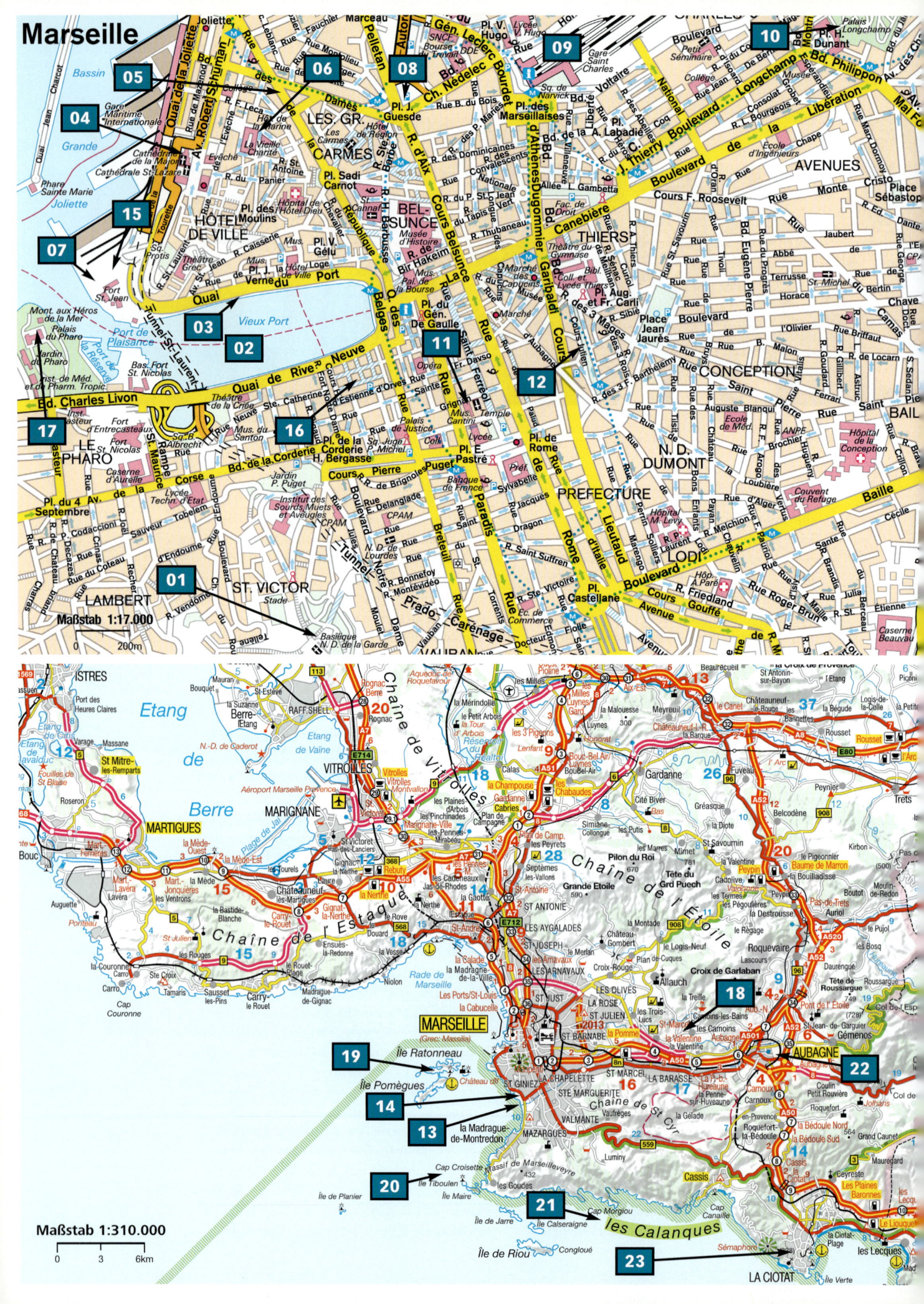

Mit kräftig aufpoliertem Image

Vom Fähr- und Industriehafen mausert sich Frankreichs älteste Stadt zur In-Location. Das multikulturelle Marseille ist umgeben von der Landschaft der Côte bleue, den Calanques und dem Garlaban-Massiv.

`01` – `21` MARSEILLE

Griechen legten mit ihrem Hafen Massalia (um 600 v. Chr.) den Grundstein zur bis heute wichtigsten französischen Seehandelsmetropole. Industrie siedelte sich an; parallel entstanden elegante bürgerliche Bauwerke, große Boulevards, Palais und Landvillen. Mit dem Projekt Euroméditerranée erhält Marseilles weltoffene Dynamik nun ihre zeitgenössische Form: Stadtplanung, Wohnungsbau und kulturelle Aktivitäten greifen ineinander, wie das Jahr Marseilles als Europäische Kulturhauptstadt bereits bewies.

SEHENSWERT

Weithin sichtbar thront sie auf ihrem 160 m hohen Hügel über der Stadt: „la bonne mère", die gute Mutter, offiziell `01` **Basilika Notre-Dame-de-la-Garde.** Eine vergoldete Marienstatue ragt vom Glockenturm auf; im Inneren ist die Kirche mit weißem und dunklem Marmor ausgekleidet. Von der Basilika bietet sich ein überwältigender Ausblick.

Am Vieux Port

Unten im `02` **Vieux Port** ▶TOPZIEL (Alten Hafen) singen die Masten der Jachten und Fischerboote und am Quai des Belges preisen Fischer jeden Morgen fangfrisches Meeresgetier an. An der Nordseite des Hafenbeckens liegt der `03` **Quai du Port** mit dem barocken Rathaus, der Maison Diamantée aus dem 16. Jh. und Arkaden, die allerlei Restaurants und Läden bergen.

Üppige Früchte am Markt von Marseille

Nördlich des Hafens

Hinter dem Quai du Port beginnt das **Panierviertel** auf dem ehemaligen Mühlenhügel, der Keimzelle Marseilles und lange Zeit die Heimat armer italienischer Einwanderer. Inzwischen durch einen Steg mit den neuen Museen und Kultur-Institutionen an der Esplanade J4 zu Füßen des Fort Saint Jean verbunden, haben sich in den engen Gassen viele hippe Kneipen etabliert. Nordöstlich der Kathedraler `04` **Kathedrale La Major,** die im 19. Jh. der Hagia Sophia nachempfunden wurde und auch romanische Elemente des Vorgängerbaus aufweist, erstreckt sich das trendige **Joliette-Viertel** mit seinen historischen Speicherbauten, dem gläsernen Turmprojekt der Stararchitektin Zaha Hadid und der im Zweiten Kaiserreich angelegten prächtigen `05` **Rue de la République.** Das einstige Armenkrankenhaus `06` **La Vieille Charité** gilt als eines der schönsten Barockensembles in Frankreich. Dank des Einflusses von Le Corbusier wurde es saniert und unter Denkmalschutz gestellt. Der imposante Triumphbogen – `08` **Porte d'Aix** – und die nordöstlich gelegene `09` **Gare St-Charles** (Bahnhof) (beide 19. Jh.) sind markante Eckpunkte des Immigranten-Viertels Belsunce, eines lebendigen Stücks Nordafrika mit Straßenbasaren und Kaffeehäusern.

Östlich des Hafens

Von den Seilerwerkstätten, in denen einst hier, in unmittelbarer Nähe der Werften, aus Hanf („canèbe/chanvre") Taue gedreht wurden, hat die berühmte **Canebière** ihren Namen. Nach dem Abriss des großen Arsenals 1774 entstanden prunkvolle Palais wie jenes der **Börse.** Rund um den `12` **Cours Julien,** bis in die 1970er-Jahre Standort des großen Gemüsemarkts, hat sich das Szeneviertel La Plaine entwickelt. Eine Vielfalt von Cafés und Bars paart sich in den graffitibesprühten Gassen mit Designer-Boutiquen.

Südlich des Hafens

Im `16` **Carré Thiars** lag einst das Galeeren-Areal. Die historischen Lagerhäuser bergen heute Restaurants, Kunstgalerien, Ateliers und Theater. Über den **Quai de Rive Neuve** mit neuen Hotels gelangt man ins 7. Arrondissement, wo die mittelalterliche Wehrkirche **St-Victor** und das `17` **Château du Pharo,** Residenz von Napoleon III. (zum Kongresszentrum umgestaltet), architektonische Zeichen setzen.

Im Süden

Unweit der Kreuzung der Küstenpromenade mit der 1839 angelegten **Avenue du Prado** wurde das Freizeitareal Prado aufgeschüttet – aus dem Geröll, das beim Bau der Metro angefallen war. In der Nähe liegt die `14` **Cité Radieuse/Unité d'Habitation,** Le Corbusiers revolutionäre Wohnanlage aus den frühen

Tipp

Kleine Heiligenfiguren

In den Wirren der Französischen Revolution schlossen die Kirchen, und die Gläubigen konnten an Weihnachten keine Krippe mehr besuchen. Louis Laguel, Bildhauer aus Marseille, formte kleine Figuren für den Privathaushalt, die „kleinen Heiligen" (provenz. „santoun"), aus Ton und bemalte sie. Neben Maria, Josef, dem Jesuskind und den Hirten verkörpern sie, oft nur wenige Millimeter groß, auch Menschen in ihrer Alltagsbeschäftigung: den Stierhüter, die Fischverkäuferin etc. Santoniers arbeiten inzwischen überall in der Provence, Marseille und Umgebung sind jedoch das Zentrum der Produktion. Seit 1803 gibt es in Marseille jedes Jahr im Dezember auch einen Santon-Markt .

Eine der berühmtesten Santonier-Adressen der Stadt: Marcel Carbonel, 49, Rue Neuve Sainte-Catharine, www.santonsmarcelcarbonel.com www.foire-aux-santons-de-marseille.fr

1950er-Jahren. Vom Château du Pharo aus folgt die **Küstenstraße La Corniche** dem Mittelmeersaum, zunächst vorbei an dem Denkmal des Bildhauers Sartorio für die Gefallenen der Orientarmee und dem pittoresken Fischerdorf **Vallon des Auffes** mit seinen Restaurants und Kneipen, einem Dorfhafen inmitten der Metropole. Nach der **Malmousque-Bucht** (dank einer mustergültigen Kläranlage ist das Wasser um Marseille ziemlich sauber!) zeugen herrschaftliche Anwesen vom Baustil des Marseiller Großbürgertums der Belle Époque.

MUSEEN

Neuer Leuchtturm in der Museumslandschaft von Marseille ist das `07` **MuCEM, Musée des Civilisations de l'Europe et de la Méditerra-**

Infos

Durch die Erzählung von Alexandre Dumas wurde die Insel Château d'If zur Legende.

née (www.mucem.org) zu Füßen des Fort St. Jean. Ebenfalls auf dem neugestalteten Gelände der Hafenspitze liegen die **15 Villa Mediterranée** (www.villa-mediterranee.org) und das – in der einstigen Gesundheitsstation am Hafen eingerichtete – **Musée Regards de Provence** mit Kunst der Region (Allée Redgards de Provence/Rue Vaudoyer, www.museeregardsdeprovence.com). Die Vieille Charité beherbergt u.a. das **06 Musée de Archéologie Méditerranéenne**; das **Musée d'Histoire de Marseille** wurde großzügig erweitert (2 rue Henry Barbusse, http://musee-histoire-de-marseille.marseille.fr). Eine architektonische Hymne an das Wasser verkörpert das **10 Palais Longchamps**. Eine der schönsten Sammlungen Frankreichs mit Kunst aus den Jahren 1900 bis 1960 besitzt dass **11 Musée Cantini** (19, Rue Grignan, http://musee-cantini.marseille.fr). In der Nähe von Corbusiers Cité Radieuse residiert seit 2013 im renovierten Château Borely das **13 Musée des Arts Décoratifs et de la Mode** (134, Av. Clot-Bey), während im erweiterten Pagnol-Schlösschen La Buzine das **18 Maison des Cinématographies de la Méditerranée** beheimatet ist mit einer Dauerausstellung zum Thema Mittelmeerkino (56, Traverse de la Buzine, http://labuzine.com). Öffnungszeiten der Museen in der Regel 10.00-18.00 Uhr.

AKTIVITÄTEN

Stadtrundgänge führen u. a. durch das alte Marseille („quartier du Panier"), zu den Brunnen, den Docks, berühren aber auch Wege jüdischer oder armenischer Geschichte; es gibt auch eine spannende Tour in Le Corbusiers Cité Radieuse – mit Besuch der Dachterrasse und einer Wohnung (Infos im OT). Das Tourismusamt bietet jeden Fr. (14.00–17.00 Uhr) und jeden Sa. (9.00–12.00 Uhr) geführte **Calanques-Wanderungen** an (Jan. bis Mitte Juni und Mitte Sept. bis Dez.). Individuell kann man die

weiße Felsküste auf der GR 98 ab Goudes erkunden. Weitere Startpunkte für Ausflüge zu Fuß sind Gallelongue (Calanques Marseille-veyre und andere), Col de Sormiou (Calanque Escu) und Port-Miou (Calanques Port-Miou, Port-Pin, En-Vau).

VERANSTALTUNGEN

Marseille ist 2013 Kulturhauptstadt Europas und bietet das ganze Jahr über ein umfangreiches Programm (www.mp2013.fr). Jährlich Anfang Juli findet in Marseille das größte **Pétanque-Turnier** weltweit statt. Schon seit 1992 steht der Oktober im Zeichen der **Fiesta des Sud** mit Musik und Kunst aus aller Welt im Hafenareal (www.dock-des-suds.org). Anfang des Monats beleben **Jazzkonzerte** die Innenstadt.

HOTELS

Im Stil der Fifties, der Zeit seiner Errichtung, wurde das Hotel €€–€€€€ **Résidence du Vieux Port** wiederbelebt. Fast alle 51 Zimmer und Suiten bieten einen tollen Blick auf den Alten Hafen (8, Quai du Port, www.hotel-residence-marseille.com). Künstler verschiedener Disziplinen gestalteten die sechs Gästeräume des Bed & Breakfast €–€€€ **Au Vieux Panier** unweit der Vieille Charité; der Preis der Unterkunft richtet sich jeweils nach ihrer Größe (13, Rue du Panier, www.auvieuxpanier.com).

RESTAURANTS

Nirgendwo bekommt man frischere Meeresfrüchte als bei **Toinou Coquillages** – die Verkaufsstände stehen direkt vor der Terrasse. Keine Reservierung möglich! (3, Cours Saint Louis, Tel. 0811 45 45 45, www.toinou.com). Noch immer einer der edlen Klassiker für die berühmte Marseiller Fischsuppe: €€€€ **Le Miramar** (12, Quai du Port, Tel. 04 91 91 10 40, www.bouillabaisse.com).

UMGEBUNG

Am Quai des Belges starten die Ausflugsschiffe zu den Frioulinseln und dem **19 Château d'If**. Alexandre Dumas machte die Insel zum Schauplatz des „Grafen von Monte Christo". Am **20 Cap Croisette** (7 km südl.) mündet die breite Küstenstraße in eine schmalere, die im Nichts endet. Bis auf wenige Ausnahmen sind die **21 Calanques** nur per Boot (von Marseille oder Cassis aus) zu erreichen sowie zu Fuß. An dem Binnensee Étang de Berre (westl.) liegt **Martigues**, das „Venedig der Provence".

Information

Office de tourisme et des congrès de Marseille, 11, la Canebière, 13001 Marseille, Tel. 33 (0)826 500 500, www.marseille-tourisme.com

22 AUBAGNE

Von einem Hügel aus entwickelte sich Aubagne seit der ersten Erwähnung durch Julius Cäsar zu einem Zentrum der Keramik- und Santon-Herstellung. Künstler wie Henri Matisse oder Fernand Léger bedienten sich des Savoir-Faire örtlicher Faïenciers.

Sehenswert

Die **Altstadt** beherbergt in ihren Mauern rund 30 Ateliers von Keramikern und Santoniers.

Museum

Im **Musée Le petit monde de Marcel Pagnol** werden mit 200 Unikat-Santon-Figuren Szenen aus den Büchern und Filmen Pagnols nachgestellt (Esplanade Charles de Gaulle 13, www.aubagne.fr, Mitte Feb.–Mitte Nov. tgl.).

Veranstaltungen

Bei der **Biennale Argilla** dreht sich alles um Kreationen aus Ton (Aug., www.agglo-paysdaubagne.com/argilla; alle 2 Jahre, wieder 2015). Alternierend steht der Ort am ersten Dez.-Wochenende ganz im Zeichen der Santonkunst mit der **Biennale de l'art santonnier**. Auch ein Umzug gehört zur Verkaufsmesse. Im Dezember sind zwei Panorama-Weihnachtskrippen zu sehen (Cours Foch und in der „Monde de Marcel Pagnol").

Umgebung

Im nahe gelegenen **Massif du Garlaban** (ca. 12 km nördlich) fand der Schriftsteller Marcel Pagnol vielfältige Inspirationen. Ein Themenweg zwischen Aubagne, Allauch und Marseille erschließt über rd. 20 km die wichtigsten Stationen seiner Werke, darunter die Barres St-Esprit mit einem der schönsten Ausblicke der

DuMont Aktiv

Region und das Dörfchen **Treille,** auf dessen Friedhof Pagnol seine letzte Ruhestätte gefunden hat. Der hübsche Hafen von **Cassis** (16 km südlich) mit seinen Café-Terrassen ist nach wie vor ein begehrtes Maler-Motiv. Über die Hügel beim einstigen Fischerdorf zieht sich ein etwa 180 ha umfassendes Weinbaugebiet (hauptsächlich Weißwein). Westlich erlaubt das **Cap Canaille** von der Höhe seiner Steilküste aus herrliche Blicke über die Küste und die Bucht an der Corniche des Crêtes.

Information
Office intercommunal du Tourisme du Pays d'Aubagne, 8, Cours Barthélémy, 13400 Aubagne, Tel. 04 42 03 49 98, www.oti-paysdaubagne.com

23 LA CIOTAT

Dominiert von der prägnanten Silhouette des roten Felssporns Bec de l'aigle (Adlerschnabel) präsentiert sich der einstige Großwerft-Standort inzwischen als quirlige Badedestination mit Segelhafen und gut erhaltener Altstadt.

Sehenswert
Im **Eden Theater** im Zentrum, dem ältesten Kino der Welt, fand 1895 die erste öffentliche Filmvorführung statt. Die Gebrüder Lumière versetzten dabei die Zuschauer mit den bewegten Bildern eines in den Bahnhof der Stadt einfahrenden Zuges in Staunen. Nach langer Schließung wurde es Ende des Jahres 2013 wiedereröffnet (www.edentheatre.org). Es befindet sich gleich neben der **Kapelle der Schwarzen Büßer**. Weitere interessante Gotteshäuser sind die Pfarrkirche, die **Chapelle Notre-Dame-de-la-Garde** (westl.) sowie die **Chapelle des pénitents bleus** (Kapelle der Blauen Büßer) (alle 17. Jh.). Im **Alten Rathaus** (1864) ist das Stadt- und Marine-Museum untergebracht (www.museeciotaden.org, Mi. bis Mo. ab 15.00/16.00 Uhr). Viele Pflanzen und eine wunderbare Aussicht bietet der **Parc du Mugel** südwestlich der Werften. Im Meer vor der Stadt liegt die bewaldete **Île Verte**, eine beliebte Ausflugsinsel. Schiffe setzen vom Port Vieux (Hafen) über (15 Min.).

Ausflug
Von Cassis nach La Ciotat führt die **Route des Crêtes,** eine Panoramastraße (15 km) mit tollen Ausblicken von hohen Klippen.

Information
Office municipal du Tourisme, Blvd Anatole France, 13600 La Ciotat, Tel. 04 42 08 61 32, www.tourisme-laciotat.com

Bouillabaisse-Kochkurs

Eine typische Marseiller Fischsuppe zu essen, ist bereits ein großes Vergnügen. Aber es geht noch besser: wenn ein Experte ihr Geheimnis verrät – sodass wir endlich wissen, wie die Spezialität zuzubereiten ist.

„Rrrrascasse", schnarrt die dralle Fischhändlerin hinter ihrem azurblauen Stand am Vieux Port. Drachenkopf, rot *(rouge)* und braun *(brun)*, übersetzt unser Guide. Dann zeigt er auf *grodin* (Knurrhahn), auf *fielas* bzw. *congre* (Meeraal), *St. Pierre* (Petersfisch), *lotte* (Seeteufel) und *rougets* (Rotbarben). „Voilà, damit haben wir schon die Basis für eine Bouillabaisse. Aber je mehr Fischsorten in die Suppe kommen, desto besser." Sechs Augenpaare betrachten interessiert die Meeresbotschafter, die am Kopf des Hafenbassins ihrer Käufer harren.

DOUCEMENT!
Vom Fischmarkt sind es nur wenige Schritte zu dem Restaurant am Quai du Port. Zehn Mitstreiter hat Christian Buffa hier am Herd; mit zweien von ihnen legen wir los: Erst den Fond, nach überliefertem Rezept (und angereichert mit ein paar Geheimtipps des Chefs); dann die Rouille, die typische Knoblauchmayonnaise. Sacht rühren und das Öl einfließen lassen, „mais continuellement". Langsam, aber stetig. Und den Safran nicht vergessen! Noch rasch die *croutons*, die Weißbrotscheiben getoastet, dann heißt es schon: „à table", zu Tisch! Gemeinsam schmausen wir das Zubereitete. Hmm, köstlich. Was aus einem ursprünglich schlichten Familiengericht mit etwas Fantasie und mithilfe eines Spitzenkochs doch alles werden kann. Merci Christian!

Bouillabaisse mit feinsten Zutaten

WEITERE INFORMATIONEN

Der Bouillabaisse-Kochkurs wird vom Tourismusamt Marseille in Zusammenarbeit mit dem Restaurant Miramar jeden dritten Donnerstag im Monat angeboten.

Planung: Er beginnt um 9.30 Uhr (Treffpunkt mit dem Guide am Quai des Belges) und dauert bis ca. 14.00– Uhr. 5 bis 8 Teilnehmer, Kurssprache ist Englisch. Schürzen und Küchenwerkzeug werden gestellt. Kosten: 120 Euro p. P. Reservierung über Tel. 0826 50 05 00 www.marseille-tourisme.com, www.lemiramar.fr

Brunnen-reich und farbenfroh

Ein Bankierssohn aus Aix begründete die Malerei der Moderne mit seinen Tableaus der umliegenden Berge; sein Schulkamerad Emile Zola ging als Leitfigur des literarischen Naturalismus in die europäische Kulturgeschichte ein. Schon früh war zudem die Kunst feinster Fayencen im Ostzipfel der Provence erblüht – und die Natur schuf hier eines ihrer spektakulärsten Monumente: die Canyon-Landschaft der Gorges du Verdon.

Unvorstellbar: eine Provence ohne die weiten Lavendelfelder mit ihrem satten Blauviolett

Aix-en-Provence ist eine jener Städte, in denen man gerne lebt oder leben würde. Mit einer Vielzahl an Brunnen vermag sie zu bezaubern, Cafés, Restaurants und schmucke kleine Läden haben sich in ihren Gassen angesiedelt.

Special   PAUL CEZANNE

Auf dem Weg in die Moderne

Paul Cézanne (1839–1906) träumte bereits früh davon, Maler zu werden. Aber erst 1857, im Alter von knapp 18 Jahren, schreibt er sich in der städtischen Zeichenschule seiner Geburtsstadt Aix ein.

Der Weg des jungen Paul zur Kunst ist dornig. Abgebrochenes Jurastudium, Eintritt in die väterliche Bank, Aufenthalte in Paris, wo er mit Camille Pissaro Bekanntschaft schließt und an der Académie Suisse seine spätere Frau Hortense kennenlernt, aber mit seinen Arbeiten nicht zum Salon der Maler zugelassen wird. Erst 1882 gelingt ihm dies – und danach niemals wieder. Allerdings nimmt er an der ersten (1874) und dritten (1877) Impressionistenausstellung teil. 1895 organisiert ihm der Kunsthändler Vollard dann endlich seine erste Einzelausstellung – Cézanne steht kurz vor seinem 57. Geburtstag! Abgesehen von kleineren Reisen lebt der Künstler nun weitgehend in Aix, während Hortense und der gemeinsame Sohn Pa-

Selbstporträt von Paul Cézanne (1875–77)

ris als ihren Lebensmittelpunkt betrachten. Cézanne malt meist vor den Toren seiner Heimatstadt: im Steinbruch Bibémus zu Füßen der Montagne Ste-Victoire, das Château Noir, in Le Tholonet. Seine Landschaften, Stillleben, Porträts, Naturdetails orientieren sich stark an alten Meistern wie Paolo Veronese und Rubens, wesentliche Erkenntnisse über die Farbgebung erhielt er von Eugène Delacroix.

Vor allem in den Werken Paul Cézannes findet sich die Montagne Ste-Victoire als Motiv.

Ob Schiene oder Straße: Es dauert kaum mehr als eine halbe Stunde, um von Marseille in die alte und noch immer heimliche Hauptstadt der Provence zu fahren. Autobahn und Nationalstraße verlaufen von der Küste kerzengerade nach Norden; nur die Bahnlinie macht einen kleinen Schlenker ostwärts, bevor sie hineinführt in das Zentrum von Aix. Alle Transportmittel gewähren durch ihre Fenster rechterhand den ersten spektakulären Blick auf die Montagne Ste-Victoire, einen weißgrauen Felsgrat, den Paul Cézanne zu einem Hauptmotiv seiner Malerei machte.

FONTÄNEN UND GEGENSÄTZE

Sprudelnd ist der Empfang, den Aix-en-Provence seinen Besuchern bereitet: Überall im Zentrum fließt Brunnenwasser. Am eindrucksvollsten gefasst ist es am Kreuzungspunkt der wichtigsten Avenuen, der Place de la Rotonde. Drei Statuen krönen dort das große Rundbassin; sie symbolisieren die Landwirtschaft (nach Marseille blickend), die Schönen Künste (nach Avignon gerichtet) und die Justiz (zum Cours Mirabeau gewandt). Der Prachtboulevard Cours Mirabeau selbst, von traditionsreichen Cafés und Bankhäusern gesäumt und von Platanen beschattet, trägt weitere drei Fontänen, darunter jene mit der Darstellung König Renés, der die Muskatellertraube in der Provence einführte. Die Fontaine d'eau chaude wird von einer Thermalquelle gespeist. Das ehrwürdige Bürgertum der nach Paris teuersten Stadt Frankreichs erfreut sich an dem fröhlich plätschernden Nass übrigens ebenso wie die große Schar von Studenten, die an den Hochschulfakultäten von Aix eingeschrieben sind und das Stadtbild beleben. Schon die Römer schätzten die Wasser von Aix; Reste ihrer Sextius-Thermen wurden beim Neubau des Kurhauses entdeckt.

Das Miteinander von Tradition und Moderne prägt Aix aber nicht nur in baulicher Hinsicht – Mittelalter, Barock, Re-

Unendliches Blau wogt auf dem Plateau de Valensole (unten), während sich östlich davon Moustiers-Ste-Marie (rechts) eng an den Felsen drückt
und südlich das Ste-Baume-Massiv (oben rechts)
zu Wanderungen einlädt. Die Wallfahrtskirche in
St-Maximin-la-Ste-Baume (unten rechts) geht auf
einen Reliquienfund zurück.

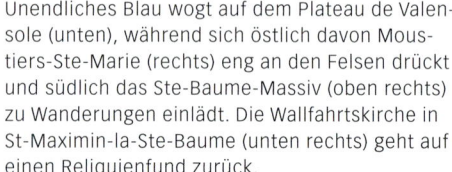

naissance, 18. und 19. Jahrhundert bilden auch in Sachen Kunst und Literatur ein friedliches Konglomerat. Denn außer ihrem großen Maler-Sohn Paul Cézanne huldigt die Stadt ebenso Victor Vasarély, dem aus Ungarn gebürtigen Vater der Op-Art. Und wer möchte, kann in Aix nicht nur auf den Spuren des großen Romanciers Emile Zola wandeln, sondern sich auf die Hintergründe des Werks von Saint-John Perse einlassen. Der Lyriker und Diplomat erhielt 1960 den Literaturnobelpreis.

VIOLETT IN LUFTIGEN HÖHEN

Höhenluft braucht der Lavendel, und die hat die Provence nicht nur in ihrem Herzen zu bieten, zwischen Mont Ven-

In langen Reihen ziehen sich die Lavendelpflanzungen bis hinauf zu den Kanten der Gorges du Verdon.

toux, Luberon und Lure-Massiv oder vor den Toren von Montélimar, sondern ebenso zwischen Hochprovence und Verdon. Die Dörfer des Plateau de Valensole finden sich im Sommer in großen Lavendelfeldern wieder. Wie lange Reihen violetter Igel ziehen sich die Pflanzungen ab Gréoux-les-Bains bis hinauf zu den Kanten der Gorges du Verdon.

SCHIFFE AUS MANDELPASTE

Segelboote, so heißt es, hätten Pate gestanden für ihre Form. Andere Stimmen sagen, es seien die Weberschiffchen gewesen oder gar die Mandel selbst, deren gemahlene Masse die Grundzutat für die süßen „Calissons" bildet. Fest steht jedenfalls, dass das rautenförmige, mit weißer Zuckerglasur überzogene Konfekt bereits im 16. Jahrhundert zu den beliebtesten Leckereien der Region um Aix gehörte. Während der großen Pest-Epidemie in den Jahren 1629 und 1630 meinten einige Leicht-

Dramatisch tief haben sich die Gorges du Verdon in das Land eingeschnitten.

Ein Paradies für Kanu- wie Tretbootfahrer sind die ruhigeren Abschnitte der Gorges du Verdon.

„Welch eine erschreckend schöne, gewaltige Schlucht tat sich auf."

Otto Rombach

gläubige sogar, sie würden verschont, wenn sie jeden Tag ein *calisson* äßen. Die Mandelschiffchen wurden auch später ähnlich verehrt wie Hostien, welche mancher Priester tatsächlich an Festtagen durch Süßigkeiten ersetzte und aus dem *caliche*, dem Kelch, an die Gemeinde verteilte. Diesem liturgischen Gefäß, so heißt es mitunter, verdankten die *calissons* ihren Namen. Wie auch immer: Die köstlichen Rauten mit ihrer von Confiseur zu Confiseur wechselnden Menge kandierter Melonen, Orangen, Mandarinen oder Aprikosen sind der kulinarische Botschafter von Aix – auch wenn im Umland ebenfalls Mandelschiffchen hergestellt werden. Aber nur die innerhalb der Stadtgrenzen produzierten dürfen sich „Calisson d'Aix" nennen. Ansonsten fehlt der Zusatz des Stadtnamens auf der Schachtel.

FRANKREICHS GRAND CANYON

Von den Höhen des Allos-Passes am Rand der Seealpen strömt er herab, jener Fluss, dessen Kraft in Millionen von Jahren den Kalkfels des Plateaus von Canjuers bezwungen hat. Tiefe Rinnen sägte der Verdon (von frz. *vert* – grün) dort in das grauweiße Gestein; nach seinem Weg von insgesamt 175 Kilometern vereint er sich bei Manosque auf eher unspektakuläre Weise mit der Durance. Aber hätte man nicht im frühen

20. Jahrhundert begonnen, den Lauf des Bergflusses mit Staudämmen zu hemmen, um Strom zu gewinnen, so wären seine schmalen, tiefen Schluchten wohl kaum so populär geworden. Denn mit dem Bau der Dämme (fünf entstanden zwischen 1929 und 1975) ging das Anlegen von Wegen sowie der Straßen an den Flanken der Uferfelsen einher. Immer mehr Menschen hatten so Zugang zu diesem Gebiet und staunten und staunten über den spektakulären Canyon, dessen Wasser zwischen jade- und türkisfarben changiert. Seine Wände ragen über dem oft kaum fünf Meter breiten Flussband bis zu 700 Meter in den provenzalischen Himmel. Die durch das Aufstauen entstandenen Seen wie der riesige Lac de Ste-Croix erfreuten sich bald als Badeziele großer Beliebtheit.

ERFOLGSGEKRÖNTER PROTEST

Möglicherweise war es diese Karriere vom reinen Naturdenkmal zum Touristenmagneten, die im Sommer 2006 das Projekt einer Hochspannungsleitung über die Gorges du Verdon zu Grabe tragen half. Sowohl Anwohner als auch Umweltschützer hatten seit mehr als 20 Jahren immer wieder gegen die von der Staatlichen Elektrizitätsgesellschaft EDF geplante 40 000-Volt-Linie protestiert – denn die Schluchten des Verdon sind nicht nur optisch eindrucksvoll,

Die ausgehöhlten Tuffsteinwelten bei Cotignac
(oben) und die stürzenden Wasser bei Sillans-
la-Cascade (oben rechts) setzen im Osten der
Provence landschaftliche, die Zisterzienserabtei
Le Thoronet (rechts) sorgt für architektonische
Akzente.

Farblich setzen sich die Häuser in Cotignac kaum von den Brauntönen des mächtigen Tuffsteinfelsens ab, der sich hinter dem Dorf erhebt.

sondern auch die Heimat geschützter Pflanzen und Tiere.

RITTERSCHICKSAL

Kurz bevor nun die wilde Schönheit der oberen Flussschluchten beginnt, klammert sich das Dorf Moustiers-Ste-Maries (s. S. 86) an zwei himmelhohe Felsen. Ein goldglänzender Metallstern schwebt an einer Kette zwischen ihnen und genau über der Wallfahrtskapelle Notre-Dame-de-Beauvoir. Ein von den Sarazenen gefangener Kreuzritter, so heißt es, habe der Jungfrau Maria eine Kette versprochen, wenn er seine Freiheit zurückerhalte und in sein Vaterland heimkehren könne. Wann genau das Ex-Voto aufgehängt wurde, ist nicht bekannt. Aber zwei Mal pro Jahrhundert fiel es seit 1565 herab und wurde erneuert. Die Größe des Sterns variierte dabei zwischen 30 und 180 Zentimetern; das heutige Exemplar misst 125 Zentimeter. Die Kette ist 135 Meter lang und wiegt 150 Kilogramm.

TONKUNST – RASCH VERBREITET

Aber mehr noch als Kette, Kirchlein und Marienwunder trugen Tonwaren den Namen Moustiers' schon früh hinaus in die Welt. Die Umgebung des Ortes bot ideale natürliche Vorausset-

zungen für das Töpferhandwerk: Tonvorkommen, Wasser und Holz, um die Brennöfen zu beschicken, waren reichlich vorhanden. So ließen sich bereits im 14. Jh. Töpfer in der von Mönchen gegründeten Siedlung nieder. Ein Glaubensbruder aus der italienischen Stadt Faenza, so heißt es, brachte ihnen von dort wenig später eine neue Arbeitstechnik mit: den Überzug der Tonscherben mit einer zinnhaltigen, weißlich deckenden Glasur. So wurden die Töpfer zu „Fayencïers". Der Erste von ihnen ist Pierre Clérissy, sein Atelier wird bereits 1679 in den Chroniken genannt. Unter

Fayenciers von Moustiers als besonderes Glück. Geschirr aus Ton oder Porzellan war nun absolut gefragt, von heute auf morgen riss man ihnen ihre Stücke fast aus der Hand, die Auftragsbücher waren voll. Im 19. Jahrhundert indes war es aus mit der Blüte dieses Handwerkszweigs, die letzten Brennöfen erloschen. Erst durch das Engagement des Schriftstellers und Historikers Marcel Joannon (er selbst nannte sich Marcel Provence) lebte die Tradition der Fayenceherstellung in den 1920er-Jahren wieder auf. Marcel Provence zeigte seine Passion für die provenzalische

Marcel Provence zeigte seine Passion für die provenzalische Kultur in vielfältiger Weise.

Clérissys Einfluss erblühte Moustiers-Ste-Marie zu einem der größten Zentren der Fayenceherstellung in Frankreich. Die Entscheidung Ludwigs XIV., das gesamte Gold- und Silbergeschirr seines Königreichs einschmelzen zu lassen, erwies sich darüber hinaus für die

Kultur übrigens in vielfältiger Weise: Er rief unter anderem Theaterbühnen ins Leben (zum Beispiel in Aix, Riez und Sisteron) und begründete die erste Paul-Cézanne-Gesellschaft, nachdem er im Jahr 1921 das Atelier des verstorbenen Künstlers erworben hatte.

Aristokratisch mit jungem Flair

Die Bergkette Ste-Victoire bildet eine würdige Kulisse für Aix mit seinen klassischen Stadtpalästen. Künstler wie Kunsthandwerker hinterließen Spuren in dem Land. Die Natur beschenkte die östliche Provence mit den großartigen Gorges du Verdon.

01 AIX-EN-PROVENCE

Die historische Hauptstadt der Provence besticht durch Lebensart und Kulturvielfalt. Fast ein Viertel der rund 140 000 Bewohner von **Aix** ▶TOPZIEL sind Studenten, sodass der traditionelle architektonische Reichtum der Stadt sich mit moderner Dynamik paart.

Allgemeines

Unter dem Namen Aquae Sextiae Saluviorum als erste römische Siedlung auf gallischem Boden gegründet, wurde Aix bald Bischofs- und Grafensitz. 1501 schuf König Ludwig II. hier das Parlament der Provence. Bis ins späte 18. Jh. währte die politische Spitzenstellung von Aix, dann stieg Marseille zum regionalen Zentrum auf. Hochschule und Hightech-Ansiedlungen sowie die Sanierung der Altstadt brachten der bis heute ein wenig italienisch wirkenden Stadt inzwischen den einstigen Glanz zurück.

Sehenswert

Die 1649 angelegte Prachtmeile **Cours Mirabeau** zählt zu den beliebtesten und belebtesten Punkten von Aix. Südlich der Flanierstraße liegt das vornehm-stille **Mazarin-Viertel** mit seinen Palästen für den Adel. Nördlich des Cours Mirabeau erstreckt sich die quirlige Altstadt mit ihren oft leicht ansteigenden Gassen, brunnenbestandenen Plätzen und unzähligen Bistros, Weinbars, Restaurants, edlen Bou-

> **Tipp**
>
> ## Cézanne entdecken
>
> Metallplaketten im Straßenpflaster führen in Aix zum Geburtshaus Paul Cézannes, zu seinen Lieblingscafés bis zum Friedhof St-Pierre, wo er begraben ist. Die Touristeninformation hält eine Begleitbroschüre zu dem Parcours vor (auch auf Dt. erhältlich). Fünf Wege ermöglichen es überdies, vor den Toren von Aix die Landschaften des Malers zu entdecken. 15 Wegweisersäulen führen zu den wichtigsten Motiven/Schaffensstätten, so zum Steinbruch Bibémus (nur über OT) und zum Atelier des Lauves (mit Reservierung, www.atelier-cezanne.com).

tiquen und Läden. Zentraler Anlaufpunkt ist die **Place de l'Hôtel de Ville** (Rathausplatz). Beim **Rathaus** (1655–1670) spürt man den mediterranen Einfluss, an der Fassade, den geschnitzten Portalflügeln, dem Innenhof sowie dem Uhrturm. Letzterer ist der ehemalige Wachturm der Stadt mit astronomischer Uhr und skulpturalen Darstellungen der vier Jahreszeiten darunter. Auf der Südseite des Rathausplatzes erhebt sich die ehemalige **Halle aux grains** (18. Jh.) mit einer allegorischen Darstellung der Rhône und der Durance als Giebelrelief. Hinter dieser Getreidehalle gelangt man zur **Place Richelme**, wo jeden Morgen der Obst- und Gemüsemarkt stattfindet. Die **Kathedrale St-Sauveur** (1285–1350) nördlich des Rathauses hat einen Campanile.

Museen

Das **Musée Granet** birgt neben Werken von Cézanne, Giacometti, Granet und Ingres europäische Kunst des 16. bis 18. Jh. (Place St. Jean-de-Malte, www.museegranet-aixenprovence.fr, Di.–So. 10.00–19.00, Okt.–März 12.00–18.00 Uhr). Auf dem Hügel des Cézanne'schen Elternbesitzes Jas de Bouffan etwa 2,5 km westlich der Stadtmitte hat seit 1976 die **Fondation Vasarély** ihren Sitz. Das Gebäude mit rund 40 Monumentalwerken des ungarischen Op-Art-Künstlers wirkt selbst wie ein Kunstwerk (1, Av. Marcel Pagnol, www.fondationvasarely.fr, tgl. außer Mo. 10.00–13.00, 14.00–18.00 Uhr).

Aktivitäten

Jährlich im Juli ist das erzbischöfliche Palais an der Place de l'Archevêché Schauplatz der **Internationalen Opern- und Musikfestspiele**. An der Stirnseite des Cours Mirabeau finden im Sommer regelmäßig Open-Air-Konzerte statt (Informationen beim Tourismusbüro).

Hotels

In einem großen Park mit Olivenhainen und Reben 6 km vor den Toren der Stadt wurden 2013 in einem Anwesen aus dem 18. Jh. €€€ **Les Lodges Sainte Victoires** eröffnet mit 35 luxuriösen Zimmern, vier Lodges, Spa, Gourmet-Restaurant – und Bergblick. (Route Cézanne, Le Tholonet, Tel. 04 42 24 80 40, www.leslodges saintevictoire.com.

In einem Innenhof gelegen und mit mittelalterlichen Klostergewölben ausgestattet, bietet das 40-Zimmer-Haus €€ **Le Manoir** 3-Sterne-Komfort im Herzen der Altstadt (8, Rue d'Entrecasteaux, Tel. 04 42 26 27 20, www.hotelma noir.com; mit eigenem Parkplatz).

Restaurants

Angestellte der umliegenden Büros und Einheimische Einkaufsbummler frequentieren gerne die typische, laute, große Marktplatz-Brasserie

Idyllischer Platz in Aix-en-Provence

€/€€€ **Le Verdun** (20 place de Verdun, Tel. 04 42 27 03 24) vor allen wegen ihrer guten, täglich wechselnden Mittagskarte. Ordentlicher Hauswein, Außentische.

Unten Käsegeschäft, eine Etage höher Bistro mit kleiner Außenterrasse: €€ **La Fromagerie du Passage** (Cours Mirabeau 55, Passage Agard, Tel. 04 42 22 90 00, www.lafromagerie dupassage.fr) lockt mittags z.B. mit gegrilltem Seebarsch oder Nudeln, abends gibt es Tapas und andere kalte Snacks – auch vom Affineur.

Umgebung

Ausgrabungen brachten etwa 3 km nördlich der Altstadt Reste des kelto-ligurischen **Oppidoms Entremont** zu Tage. Etwa 7 km südwestlich entstand 2012 auf dem Areal eines ehemaligen Internierungslagers (Max Ernst und Golo waren hier u.a. gefangen) die Gedenkstätte **Camps Les Milles** (www. campdesmilles.org). Östlich von Aix erhebt sich Östlich erhebt sich die **Montagne Ste-Victoire**, die sich zum Süden hin sehr schroff gibt. Nicht weit (37 km) ist es auch zum baumreichen **Massif de la Ste-Baume**, wo der Legende nach Maria Magdalena nach ihrer Vertreibung in einer Grotte (provenz. „baoume") gelebt haben soll. Das Städtchen **St-Maximin-la-Ste-Baume** ist zu einer Wallfahrtsstätte für die Höhlen-Heilige geworden; seine Dominikaner-Kirche Ste-Madeleine (ab Ende 13. Jh.) gilt als der bedeutendste gotische Bau der Provence.

Information

Office de Tourisme,
Allées provençales, 300, Ave. Giuseppe Verdi,
13605 Aix-en-Provence, Tel. 04 42 16 11 61,
www.aixenprovencetourism.com

02 GRÉOUX-LES-BAINS

Zu Füßen einer mächtigen Tempelritterburg drängt sich das charmante Bäderstädtchen.

Infos

Tipp

Feinste Tonware

Schon unter den Römern wurde in der Provence Tongeschirr hergestellt. Das feinste, die Fayence, entwickelte sich im 16. Jh. vor allem in der Region um Moustiers-Ste-Marie. Im Gegensatz zur Keramik und zum grauen Steingut werden Fayencen aus den feinsten Tonsorten in Verbindung mit Mineralien gemacht. Die Masse wird in Hohlformen gegossen, getrocknet, gebrannt, ins Emaillebad getaucht und von Hand bemalt. Die charakteristischsten Motive sind neben Vogel- und Blütenarrangements seit dem 18. Jh. sogenannte Grotesken: fantastische Ungeheuer, musizierende Esel und Affen etc. In Moustiers sind heute ca. ein Dutzend Kunsttöpfer tätig, so auch das

Atelier St-Michel, Avenue de Lerins, www.faience-moustiers.fr und das Atelier du Soleil, Chemin de Quinson, www.ateliersoleil.fr

Sein Thermalwasser aus mehr als 1500 m Tiefe nutzten bereits die Kelten; später genossen es zahlreiche Persönlichkeiten von Rang.

Sehenswert

Ein doppelter **Mauergürtel** beschützte im Mittelalter den von Pinienhügeln umgebenen Ort, der mit ringförmigen Gassen, den Bruchsteinhäusern, Kapellen, Torbögen und Passagen sein traditionelles Bild bis heute bewahrte. Die **Thermalbäder** aus einem besonderen Kalkstein (Rogne) wurden in antikisierender Architektur an der Stelle der troglodytischen Quellbassins errichtet. In den Ruinen der im frühen Mittelalter errichteten **Tempelritterburg** finden regelmäßig Freilichtaufführungen (z. B. im Sommer Open-Air-Kino im Burghof) und Ausstellungen statt (ansonsten zugänglich im Rahmen von Stadtführungen).

Aktivitäten

Gréoux eignet sich bestens als Ausgangspunkt für **Wanderungen, Biketouren** und **Ausritte** auf dem nördlich sich anschließenden Plateau de Valensole und für **Bad und Bootsfahrten** in den unteren Schluchten des Verdon und des dort aufgestauten Esparron-Sees.

Umgebung

Von Kornfeldern und Mandelhainen umgeben ist **Valensole** (28 km nördl.). Ellipsenförmig wie ein Auge hat Stararchitekt Sir Norman Fos-

ter Europas größtes Museum für Vorgeschichte in dem Weiler **Quinson** (25 km südl.) konzipiert, das Musée du Préhistoire des Gorges du Verdon. Mit seiner Mischung aus traditionellen Trockensteinmauern und modernen Materialien fügt es sich bestens in die Landschaft. Im Innern wird auf vielfältige Weise die Natur- und Siedlungsgeschichte der Schluchtenregion thematisiert (Route de Montmeyan, www.museeprehistoire.com, tgl. außer Di. ab 10.00 Uhr).

Information

Office de Tourisme de Gréoux-les-Bains
7, Place de l'Hôtel de Ville,
04800 Gréoux-les-Bains, Tel. 04 92 78 01 08,
www.greoux-les-bains.com

03 MOUSTIERS-STE-MARIE

Eine steile Felswand bildet den Fond, vor dem sich die hellen Ziegeldachhäuser von Moustiers übereinanderstaffeln. Seinen Namen verdankt der Ort den Mönchen, die 434 an dieser Stelle ein Kloster (lat. *monasterium*) gründeten. Sie lebten zunächst in Felsgrotten, die sie vergrößerten und in Zellen teilten. Nachdem die frommen Männer von den Sarazenen vertrieben worden waren, nahmen die Bewohner der Umgebung die Mönchsbehausungen in Besitz. Sie nutzten die Quelle, die von den Höhen floss, und errichteten wassergetriebene Mühlen: um Mehl zu mahlen, Öl zu pressen, Papier herzustellen, Leder zu gerben.

Sehenswert/Museum

Von der einzigen Autostraße, die den Ort durchzieht, zweigen gepflasterte Wege und Treppensteige ab, die links und rechts des Adou-Quellbachs in **steile Gassen** münden und sich zu lauschigen Plätzen öffnen; fast alle gesäumt von Kunsthandwerk- und Fayence-Geschäften, Restaurants und kleinen Hotels.

Hoch über allem thront die **Chapelle Notre-Dame-de-Beauvoir**. Die von Zypressen umstandene Wallfahrtskirche wurde im 14. Jh. auf einem natürlichen Plateau errichtet und um 1500 erweitert. Sie birgt neben ihren gotischen Gewölben einen schönen Barockaltar. Seit dem Mittelalter pilgern Gläubige hierher.
Wertvolle historische Tonwaren birgt das **Musée de la Faïence** neben dem Rathaus (www.faience-moustiers.fr, April–Juni, Sept., Okt. Mi.–Mo., Juli/August tgl. ab 10.00 Uhr).

Veranstaltung

Jährlich am 8. September, dem Tag von Mariä Geburt, feiert Moustiers sein **Dorffest**. Es beginnt im Morgengrauen mit einer Prozession zur Kapelle. Trommeln und Flöten wecken die Einwohner. Der Feiertag endet mit einem Fackelzug zu Notre-Dame-de-Beauvoir.

Hotel

In einem restaurierte Anwesen eines maître faïencier entstand die luxuriöse €€€ **La Bastide de Moustier** (Chemin de Quinson, Tel. 04 92 70 47 47, www.bastide-moustiers.com) mit nur einem Dutzend Zimmern/Suiten, tollem Ausblick auf den Ort und einem Alain-Ducasse-Adepten als Küchenchef.

Umgebung

Auf mehr als 20 m² erstreckt sich südwestlich von Moustiers der **Lac de Ste-Croix**. Ein Großteil seiner Ufer verfügt über touristische Infrastrukturen; überall ermöglichen Strände den Zugang zum See. Authentische provenzalische Atmosphäre bieten Dörfer wie **Riez** (14 km südwestl.) mit gallo-romanischen Relikten sowie Spuren von Mittelalter und Renaissance.

Information

Office de Tourisme, Place de l'Église,
04360 Moustiers-Ste-Marie,
Tel. 04 92 74 67 84, www.moustiers.eu

Gréoux-les-Bains ist in ein Meer aus roten Blüten getaucht.

DuMont Aktiv

04 GORGES DU VERDON

Der fantastischste Abschnitt des von zahlreichen Dörfern in spektakulärer Lage gesäumten Flusslaufs liegt zwischen Castellane und Moustiers.

Sehenswert

Auto- und Motorradfahrer können die Canyons auf zwei **Panorama-Straßen** durch die **Gorges** ▶TOPZIEL entdecken: die eine verläuft hoch oben in den Felsen des rechten Ufers (D 952). Besonders eindrucksvoll ist das Teilstück zwischen dem Point Sublime – also am Beginn des Großen Canyons – und La Palud, wo die **Route des Crêtes** von der D 952 abzweigt. Die Strecke ist meist nicht als Rundkurs, sondern aus jeder Richtung nur bis zur Hälfte, d. h. zum Chalet de la Maline befahrbar! Die andere Straße, nach Norden gerichtet (D 71, D 90 und D 995), wird wegen ihrer wunderbaren Aussichtspunkte **Route de la Corniche sublime** genannt. Ihr Herzstück beginnt bei Aiguines nahe des Col d'Illoire und führt bis kurz hinter die Balcons de la Mescla.

Aktivitäten

Für **Wanderer** gibt es mindestens ein halbes Dutzend Wege in den Schluchten; der bekannteste ist der Sentier Martel (rechtes Ufer ab/bis Artuby-Zufluss, ca. 6 Std., mit Leitern und Stollen). Interessante Perspektiven bieten auch der Sentier de l'Imbut (ab/bis Chalet de la Maline, wechselnd tief unten im Flussbett) oder der Sentier du Bastidon (parallel zur Route des Gorges auf dem rechten Ufer ab/bis Mayreste). Die Gorges du Verdon sind auch ein Paradies für **Wassersportler, Freeclimber, Bergsteiger** (ca. 1500 Felsrouten).

Umgebung

Südlich der Gorges, in Richtung Autobahn A 8, liegen im Abstand nur weniger Kilometer **Sillans-la-Cascade** (ca. 35 km) mit seinem eindrucksvollen Wasserfall und das Weindorf **Cotignac** zu Füßen eines mächtigen Tuffsteinfelsens. Darin befindet sich ein Höhlensystem. Von hier bieten sich Wandertouren in die Provence Verte an. Ein Schlenker nach Osten führt zur **Abbaye du Thoronet** (20 km), einem eindrucksvoll restaurierten Kloster aus dem 12. Jh. Die zisterziensischen Bauformen mit ihren klaren Linien und der schmucklosen Gestaltung lassen sich an dem Bau beispielhaft ablesen (http://thoronet.monuments-nationaux.fr, April–Sept. 10.00–18.30, Okt.–März 10.00 bis 13.00 und 14.00–17.00 Uhr; jeweils So. über die Mittagszeit 1 bis 2 Std. geschl.).

Information

siehe Moustiers-Ste-Marie

In wilden Wassern

Sanft hinter dem See, heftiger werdend ab der mittleren Partie, laden die Gorges du Verdon zu Boots- und Kajak-Ausflügen ein, aber auch zu spektakulären Raftingtouren im Schlauchboot. Ein erfrischendes Vergnügen, egal ob zu zweit oder in der Gruppe – allerdings nur für Schwimmkundige.

Tretboot oder Kanu? Das Gruppenerlebnis wäre garantiert. Im Kajak ist jeder auf sich gestellt. Aber dann fällt auch das Problem weg, dass zwei Bootsinsassen, ungeübt, wie sie sind, stets entgegengesetzt rudern. Also ein Kajak für jeden.

ERSTE PADDELSCHLÄGE

Einstieg am Lac de Ste-Croix. Bald steigen rechts und links steile Felswände empor – überzogen von einer erstaunlich üppigen Vegetation. Paddel eintauchen, gleiten, staunen. Aber über dem Staunen nicht das Paddeln vergessen. Denn es ist viel los an diesem Sommertag in den Gorges. In der Nebensaison hätte man kommen sollen – und möglichst unter der Woche! Egal. Der Ausflug auf dem Wasser hält auch in Gesellschaft vieler Sonntagsausflügler unvergessliche Eindrücke bereit. Immer wieder macht der Verdon überraschende Kehren. Schwierige Stellen oder Stromschnellen sind auf

Nichts für Wasserscheue …

den ersten drei Kilometern nicht zu bezwingen; der Stausee wirkt hier zügelnd auf den Fluss ein. Erst im mittleren Teil wogt es kräftiger, und hier stürzen im Frühjahr auch die Wasserfälle zu Tal. Aber wir kehren lieber um und sparen uns die weitere Erkundung der Gorges für ein anderes Mal auf: mit Guide und eventuell in der Gruppe – vielleicht beim Aqua Rando, einer Art Schwimm-Rafting mit speziellen Westen.

ANBIETER FÜR BOOTSFAHRTEN UND RAFTINGTOUREN

An den Stränden von Pont du Galetas: Tretboot ca. 15 Euro/Std. (4 Pers.), Kanu 10 Euro/Std. (3 P.), Kajak 5 Euro/Std. (1 Pers.)
Canoe Verdun: begleitete 5-Std.-Tour im Kajak (familiengeeignet), wahlweise 10.00–15,00 oder 17.00 bis 22.00 Uhr, 25 Euro,

Tel. 04 94 67 43 92, www.canoe-verdon.com.
Aboard Rafting: Stunden- bzw. Tagestrips im mittleren bzw. oberen Abschnitt der Schlucht, 35 bis 75 Euro, Tel. 04 92 83 76 11, www.rafting-verdon.com

Im stillen Herzen der Provence

Einsame Hochplateaus, üppig bewaldet oder von karger Schönheit; mittelalterliche Städtchen und Festungsdörfer, Klöster mit herrlichen Gärten – die stillen Landschaften der Haute-Provence und der Südalpen beeindrucken durch ihre Authentizität. Napoleon marschierte im Triumph durch sie, Literaten wie Käsebauern ließen sich von ihnen inspirieren.

Mit dicken Tupfen durchzieht der leuchtend rote Klatschmohn die Landschaft.

Vor dem steil aufragenden Baume-Felsen ducken sich die Häuser von Sisteron, eindrucksvoll gespiegelt in der Durance.

Vielfalt charakterisiert die Haute-Provence: Festungsdörfer wie Mane (oben) sind hier zu entdecken und auch weite Landschaften wie bei Gap.

Als fruchtbare Verbindungsachse zieht sich das Tal der Durance von den Alpen der Hochprovence in Richtung Mittelmeer. In den Bergfalten und auf den Hügeln zu beiden Seiten des Flusses kleben sonnengebleichte Dörfer; geschichtsträchtige Städtchen liegen am Ufer. Sisteron ist eines von ihnen; Manosque schmiegt sich schon fast an den Luberon. Digne-les-Bains und Gap haben Frankreichs kleinem großen Feldherrn auf seinem Weg von Elba nach Grenoble gehuldigt, und in der Nähe von Forcalquier macht der Weiler Banon seit geraumer Zeit nicht allein durch seine jahrhundertealte Käseproduktion von sich reden.

GRÜN – WILD ODER KULTIVIERT

Mit ihren Mikroklimata und den unterschiedlichen Landschaftszonen ist die Provence das einzige Gebiet Europas, in dem alle Vegetationstypen vertreten sind. Von Olivenbäumen und Zitrusfrüchten bis hin zu wohlriechenden Kräutern und Alpenblumen wächst hier fast alles. Kein Wunder, dass nicht nur Nutzpflanzen kultiviert werden, sondern schon früh auch reichlich Ziergärten und Parks entstanden. Heute liegen die von Menschenhand gestalteten Anlagen oft in weitläufigen Nationalparks. Das gilt auch für die Hochprovence und den südlichen Teil der provenzalischen Alpen. Unmittelbar vor den Toren von

Gap beginnt der Parc National des Écrins, Frankreichs zweitgrößter Nationalpark. Sein Infozentrum residiert, ebenso wie das Conservatoire botanique national alpin – eine Institution zur Erkundung alpiner Vegetation –, auf dem von Buchen umstandenen Gelände der Domaine de Charance, einem einstigen bischöflichen Lustschloss. Geistliche Herren legten auch die ersten Beete des botanischen Franziskaner-Gartens von Digne-les-Bains an. Ein weiteres Stück regionaler Pflanzengeschichte birgt das auf einem alten gallo-römischen landwirtschaftlichen Anbaugebiet liegende Kloster von Salagon bei Forcalquier. Zu dem in den Mauern ein-

Feine provenzalische Romanik zeichnet das Portal
der Abtei von Ganagobie (ganz oben) aus, wohin-
gegen sich Notre-Dame von Forcalquier (oben)
eher trutzig gibt. Beschaulich zeigen sich die Gassen von Forcalquier (oben rechts), in dem sich
auch ein Plätzchen für das beliebte Boulespiel
findet.

Welche Funktion die Rotunde in Simiane-la-Rotonde einst besaß, ist bis heute nicht geklärt.

„Die Provençalen (…) besaßen, will mir scheinen, weniger Leidenschaft und mehr Frohsinn als die Italiener."

Stendhal, De l'amour, 1822

gerichteten Konservatorium der Hochprovence zählen vier Gärten, die sich der Neuentdeckung vergessenen Wissens um Wirkungen und Eigenschaften von Kräutern widmen: der mittelalterliche Garten, der Garten der Heilkräuter, der Garten der Düfte und Garten der Moderne. Vor allem Gemüse- und Obst-Kostbarkeiten der Vergangenheit verhilft La Thomassine bei Manosque zu neuer Wertschätzung.

IN DER LITERATUR BEWAHRT
Seine Werke tragen Titel wie „Der Berg der Stummen" und verklären das einfache Leben der Bauern und Hirten. Fast alles, was Jean Giono geschrieben hat, ist eine Suche nach den Resten Arkadiens – in der Kulisse seiner Heimat, zwischen Sault, Sisteron und Manosque. In Manosque wird der spätere „Vergil der Provence" 1895 als Sohn eines Schusters und einer Büglerin in Armut geboren, 1970 stirbt er dort als Besitzer eines eigenen Hauses (Lou Paraïs) und geachtetes Mitglied der Académie Goncourt. Bevor er von der Schriftstellerei leben kann, muss sich Giono – der übrigens nicht nur die fortschreitende Zivilisation in „seiner" Provence geißelt, sondern auch das Tragen von Sonnenbrillen gegen ihr charakteristisches Licht kritisiert – in einer Bank verdingen. Einen ähnlichen Werdegang hatte

auch Pierre Magnan (1922–2012). Giono brachte dem Bauernsohn, der wie er selbst aus Manosque stammte, die klassische Musik nahe und ermunterte ihn zum Schreiben. Magnan hatte mit zwölf die Schule verlassen, um sich als Schriftsetzer zu verdingen. Vom Literaturbetrieb blieben seine Romane zunächst unbeachtet, bis er sich im Alter von 54 Jahren an einen Kriminalroman machte, „Le Sang des Atrides". Dies war der Anfang einer neuen Karriere. In einem autobiografischen Essay schreibt er: „Er ist apolitisch, asozial, gallig, agnostisch und, wenn man es zu schreiben wagt, aphilosophisch …" Manchmal saß er indes ganz fröhlich auf der Terrasse eines Cafés auf dem Marktplatz in Forcalquier.

HYMNEN AUS GESTEIN
Nicht nur die Natur zeigt sich in der Hochprovence als fantasievoller Baumeister. Schon früh hinterließen die Menschen in ihr deutliche Spuren mit den von ihrer Hand geschaffenen Architekturen. Verstreut liegen ihre Dörfer, Städtchen und weltabgeschiedenen Klöster in dem charakteristischen Tableau aus sanften Hügeln und kargen Hochplateaus, tiefen Flusstälern und schroffen Felsformationen. Manche dieser Siedlungen fesseln den Blick wie ein Ausrufezeichen, so etwa Simiane-la-

Digne-les-Bains sorgt mit seinem Thermalwasser für Wellness in moderner Form.

Kaskaden in moosiger Landschaft übernehmen den natürlichen Part in Dignes Musée-Promenade, wo Installationen zum künstlerischen beitragen.

Bereits seit der Antike sprudeln Thermalquellen auch in den Hügelland-schaften östlich der Durance.

Ausgiebiges Shoppingvergnügen ermöglicht Manosque.

Urige Gassen führen durch die Altstadt von Manosque, der größten Stadt des Departements.

Kraxler auf dem Circuit géologique bei Digne

Blaue Bücher-Blüte

Eine Kornblume macht dem würzigen Ziegenkäse Konkurrenz, der – umhüllt von Kastanienblättern – rund um das Dorf Banon in der Hochprovence hergestellt wird.

Denn inzwischen ist der kleine Rundling nicht mehr der einzige Botschafter, der den Namen des Dorfes Banon über die Grenzen der Provence hinausträgt. Unter dem Zeichen der Kornblume eröffnete Joël Gattefossé 1990 seine Buchhandlung in dem hübschen Haus einer ehemaligen Schreibwarenhandlung. Neben Geschenkpapier, Postkarten und Notizblöcken hatte der aus der Nähe von Paris zugewanderte Tischler auch 77 Bücher an seiner neuen Wirkungsstätte vorgefunden. Heute umfasst das Sortiment von „Le Bleuet" mehr als 350 000 Titel – und Anfragen kommen sogar aus Australien. Sehr skeptisch hätten ihn die Einheimischen zu Beginn beäugt, erzählt Gattefossé. Nun aber ist seine Buchhandlung weltweit bekannt, ein wahrer Anziehungspunkt in dem Ort,

Banon, bekannt auch für seinen Käse

und inzwischen sind alle hier stolz auf den Autodidakten. Seit 2014 hält er in einem Neubau mit begrüntem Dach rund eine Million Bücher vorrätig. Und schon seit Langem ist ist es dem passionierten Bücherfreund gelungen, die Crème de la Crème der französischen Literaten und Kulturschaffenden zum jährlichen Käsefest am 21. Mai in Banon zu versammeln. Kultur sei nicht das Privileg großer Städte, meint Monsieur Gattefossé ...

Rotonde. Es trägt seine Besonderheit schon im Namen: einen mächtigen Rundturm, ursprünglich wohl als Kapelle konzipiert für das benachbarte Schloss der Herren von Siemienne. Unter der hohen inneren Kuppel des (ursprünglich sechseckigen) Bauwerks erklingen inzwischen jeden Sommer die Konzerte eines Klassikfestivals.

HEILENDES WASSER

Bereits seit der Antike sprudeln Thermalquellen auch in den Hügellandschaften östlich der Durance. Plinius der Ältere berichtet als Erster von ihnen; im 17. Jahrhundert sind sie Gegenstand wissenschaftlicher Untersuchungen. Der in Digne (und später in Marseille) wirkende Arzt Sébastien Richard verfasst 1619 schwärmerisch ein Dokument über die gallo-romanischen Thermen von „Dinia", die von den tief im Fels entspringenden Wässern des Vallon des Eaux-Chaudes gespeist werden. Zu den „Neubauten" der 1920er- und 1930er- Jahre gesellen sich in dem Kurstädtchen inzwischen modernste Gesundheits- und Wellness-Einrichtungen. Die Quellen von Digne sind besonders wirkungsvoll bei Rheuma und Gelenkkrankheiten. Ihre Wohltat für die Atemwege wird durch das reine und heilsame Klima der Hochprovence um ein Vielfaches verstärkt.

LAVENDEL

Blauviolette Felder

Vom Duft des Lavendels ist die Luft im Hochsommer mancherorts in der Provence erfüllt. Fünf touristische Lavendelstraßen, an denen kleinere und größere Destillerien liegen, durchziehen die Region.

Für die Herstellung der beliebten Trockensträuße wird der Lavendel Ende Juni/Anfang Juli per Hand geerntet.

Mit ihrem blauvioletten Leuchten gelten die Lavendelfelder als das Symbol der Provence. Doch halt: Fast alles, was das Auge (und bei Blüte und Ernte auch die Nase) zwischen Rhônetal und den Ausläufern der Alpes-de-Haute-Provence betört, ist nicht der „echte" Lavendel, sondern Lavandin, ein Hybrid mit deutlich höherem Kampfergehalt. Echter Lavendel (botanisch „lavendula angustifolia" oder „vera") macht mit rund 4 000 Hektar Fläche nur knapp ein Fünftel der gesamten provenzalischen Pflanzungen aus. Die Kultivierung der fein duftenden Pflanze begann erst Anfang des 20. Jahrhunderts. Lavandin-Kulturen kamen dann Ende der 1920er-Jahre auf. Letzterer, botanisch „lavendula latifolia", ist eine Kreuzung aus echtem Lavendel und dem ebenfalls zur Lavendelfamilie zählenden, deutlich größeren Speik.

WIRTSCHAFTLICHES INTERESSE

Man findet das Duft- und Heilkraut, wo karge Hügel die fruchtbaren Ebenen ablösen: auf dem Plateau von Valensole, an den Hängen des Mont Ventoux und der Montagne de Lure. Tatsächlich schafft es dort einen prächtigen Ausgleich – landschaftlich wie wirtschaftlich. Das war aber nicht immer so. Einst schnitten die Hirten- und Bauernfamilien der Provence nur den wilden Lavendel der Berge. Erst mit der Blüte der Parfumindustrie in Grasse änderte sich dies. Die Nachfrage an der blauen Duftpflanze stieg kräftig an. Als die wilden Fel-

Anders als der vielfach angebaute Lavandin
wächst der echte Lavendel in der Regel auf einer
Höhe zwischen 600 und 800 Metern.

Beim Kauf vor Ort erschließt sich die ganze Vielfalt des Lavendels:
Er dient als Medizin, ist Bestandteil von Seifen und Parfums und gibt
Gerichten, in vorsichtiger Dosierung, ein spezielles Aroma.

der nicht mehr ausreichten, organisierten sich die Bauern und legten erste Lavendelkulturen an.

VON DER BLÜTE ZUR ERNTE

Zehn Jahre etwa „lebt" ein Lavendelfeld. Seine erste Blüte erfolgt im zweiten Jahr, die höchsten Erträge sind zwischen dem vierten und dem sechsten Jahr zu verzeichnen. Gepflanzt werden die jungen Lavendel- und Lavandin-Schößlinge im Februar/März, ausgesetzt in die Kulturen ab April. Nach der Blüte Ende Juni/Anfang Juli wird rasch geerntet, zunächst per Hand (ein guter Schnitter schneidet bis zu hundert Kilogramm pro Tag), dann mechanisch für die Destillation im Kupferkessel. Bei dieser traditionellen Methode löst Wasserdampf die ätherischen Öle der Pflanze. Ein Hektar echter Lavendel ergibt zwischen 15 und 20 Kilogramm Essenz; beim Lavandin liegen die Erträge hingegen um ein Vielfaches höher (60–150 kg). Um sich vor Billigkonkurrenz zu schützen, wurde im Jahr 1981 für echtes provenzalisches Lavendelöl das vom Wein bekannte AOC-Gütesiegel (Appellation d'origine controlée) eingeführt.

Ingesamt rund 2000 Lavendelproduzenten verzeichnet die Berufsgenossenschaft für französische Öl-Essenzen (C.I.H.E.F.); die Region Vaucluse und im Besonderen das Plateau de Sault produzieren 40 Prozent des Aufkommens an Lavendel-Essenz in Frankreich.

GERADEZU EIN ALLESKÖNNER

Bereits Plinius erwähnt, dass Lavendel von den Römern als Badezusatz und zum Behandeln der Wäsche verwendet wurde (waschen: lat. *lavare*). Als Heilpflanze kannten ihn bereits die alten Griechen; auch die heilige Hildegard empfiehlt ihn als Medizin. Lavendel ist für seine antiseptische und beruhigende Wirkung bekannt. Er hilft u.a. bei Asthma, Husten, Unruhezuständen, Reizmagen oder nervösen Darmbeschwerden. Lavendelbäder erfrischen bei niedrigem Blutdruck und helfen bei Einschlafstörungen. Parfum wird nur aus dem echten Lavendel gewonnen, und auch zum Aromatisieren von Speisen wird nur dieser eingesetzt. Das qualitativ nicht so hochwertige Öl des Hybrids Lavandin wird hauptsächlich als Duftzusatz verwendet, zum Beispiel für Seifen oder Putzmittel.

KULTIVIERTE FORMEN

In einem Bauerngehöft in Coustellet zeigt das Musée de la lavande alles Wissenswerte zur Verarbeitung (www.museedelalavande.com), in Sault widmet man sich seit Generationen der Lavendelkultur und bietet Kurse zur Parfumherstellung an (www.distillerie-aromaplantes.com). Große Lavendelfeste wie in Valensole, Valréas und Sault orientieren sich an der Blüte beziehungsweise Erntezeit. Oft werden in diesem Rahmen auch alte Schnitttechniken und Destilliermethoden vorgeführt.

BESICHTIGUNG & FÜHRUNG

An den Routes de la lavande liegen auch kleinere Destille-rien, Museen, Gärten und Verkaufspunkte, darunter:

Distillerie Bleu Provence
Promenade de la Digue, Nyons,
www.distillerie-bleu-provence.com
La maison des producteurs
Rue de la République, Sault, Tel. 04 90 64 08 98
Distillerie du Siron
Quartier le Gazon, Thoard, www.distilleriesiron-lavande.fr

www.routes-lavande.com

Wie Thymian und Rosmarin zählt Lavendel zur Gattung der Lippenblütler. Der Lavendelstrauch kam schon vor Jahrhunderten von Persien über die Kanaren auf das europäische Festland.

Infos

Mediterrane trifft alpine Atmosphäre

Die Quellen von Digne-les-Bains schätzten schon die Römer. Das nahe geologische Reservat bietet hervorragende Wandermöglichkeiten. Gleiches gilt für das Pays de Forcalquier. Eindrucksvolle Wehrburgen und mittelalterliche Klöster sitzen auf den Höhen dieses Landstrichs zwischen der Montagne de Lure und den Ausläufern des Luberon-Gebirges bei Manosque.

01 GAP

Umgeben von wilden Berglandschaften, versteckt Gap einen hübschen historischen Kern in der nüchternen Moderne seines geschäftigen Zentrums. Die Hauptstadt des Departements Hautes-Alpes eignet sich bestens für Wander- oder Radtouren im Nationalpark Les Écrins.

Sehenswert

Trotz einschneidender urbanistischer Maßnahmen Anfang des 19. Jh.s lassen sich in der hübsch renovierten **Altstadt**, vor allem rund um die Kathedrale (1867), noch mittelalterliche Strukturen entdecken. Die Häuser in den schmalen Straßen und kurzen Gassen hinter dem Gotteshaus gehören zu den ältesten von Gap. Die Römer gründeten Gap 14 v. Chr. als Vapincum und an der Stelle der heutigen Rue Colonel Roux verlief zu jener Zeit die Hauptstraße. In der Rue de France Nr. 17, im Gasthof eines gewissen Herrn Marchand, nächtigte Napoleon am 5. März 1815 bei seiner Rückkehr von Elba. Der Weg, den er nach Paris nahm, ist auch heute als **Route Napoléon** markiert.

Museum

Im Parc de la Pépinière zwischen den Armen der Flüsschen Bonne und Luye liegt das **Musée Museum Departemental** (Mo., Mi.–Fr. 14.00 bis 17.00, Sa./So. 14.00–18.00 Uhr, 6 Av. Maréchal Foch, http://museum.cg05.fr) mit Exponaten von Kunst bis Archäologie.

Umgebung

Pflanzen- und Naturliebhaber fahren vom Stadtzentrum gen Norden zur **Domaine de Charance** (ca. 4 km), einer weitläufigen Anlage mit See, Wald, Wasserfällen und Bergpfaden, die sich an den Flanken der gleichnamigen Gebirgskette auf einer Höhe zwischen 1000 und 1852 m erstreckt. Der vom Conservatoire botanique national alpin betreute Garten vor dem Schloss der Domaine bietet alte Rosen (fast 600 Sorten) und Früchte aus früheren Zeiten, darunter Hunderte von Apfel- und Birnbäumen (Mai, Sept., Okt. 14.00–17.00, Juni–Aug. Mo. bis Fr. 10.00–19.00, Sa./So. 10.00–12.00 und 14.00 bis 19.00, Rosenkollektion Juni–Aug. tgl. außer

So eindrucksvoll wie anstrengend ist der Weg hinauf zur Zitadelle von Sisteron.

Di. 14.15–18 Uhr). Von hier ist auch der **Lac de Serre-Ponçon** (20 km östl.) mit schönen Aussichten erreichbar.

Information

Office de Tourisme de Gap
1, Place Jean Marcellin, 05 000 Gap
Tel. 04 92 52 56 56, www.gap-tourisme.fr

02 SISTERON

Steil ragen die Felsrippen am Durance-Ufer in den Himmel, zwei mächtige Gletscherriegel. Einer von ihnen trägt die Zitadelle von Sisteron. Unter ihren mächtigen Mauern duckt sich die Altstadt mit den braunroten Ziegeldächern.

Allgemeines

Aufgrund seines reichen architektonischen Erbes und seiner spektakulären Lage gilt **Sisteron ▶TOPZIEL** als die „Perle der Hochprovence". Bereits in der Römerzeit war es unter dem Namen Segustero eine wichtige Station auf der Via Domitia, die Italien mit dem Rhônedelta verband. Auf der Straße nach Authon (östl.) sind noch Inschriften erhalten, die seinerzeit in den Felsen geschlagen worden waren. Im 6. Jh. wurde Sisteron Bischofssitz, im 11. Jh. eine Festung der Grafen von Forcalquier.

Sehenswert

Über den malerischen Altstadtgassen, die sich unvermittelt zu kleinen Plätzen mit Schatten spendenden Bäumen öffnen, thront die denkmalgeschützte **Zitadelle** (www.citadelledesisteron.fr, April–Mitte Nov. tgl. 9.00–17.00/17.30 Uhr, Sommer bis 18.30/19.00 Uhr). Von ihren Terrassen bietet sich ein herrlicher Ausblick. Ein Meisterwerk lombardisch-provenzalischer Kunst des 12. Jh.s verkörpert die **Kathedrale Notre-Dame des Pommiers** (Ostern bis Allerheiligen geöffnet). Sehr gut erhalten haben sich Sisterons hohe **Wachtürme** (14. Jh.) südlich der Kathedrale.
Im Stadtviertel La Baume auf dem anderen Durance-Ufer steht das im Jahr 1248 erbaute, um 1620 restaurierte Dominikanerkloster; es wird als Konzertstätte genutzt.

Museum

In der Kapelle „Des Visitandines" aus dem 17. Jh., westlich der Kathedrale, zeigt das **Musée terre et temps** (Erde und Zeit) ungewöhnliche Exponate zu den Mechanismen und Wirkungen der Zeit in Kultur und Natur (Febr.–Okt. Di.–Sa. 14.00–18.00 Uhr). Die Geschichte der Stadt erhellt das **Musée du vieux Sisteron** (Ave. des Arades, Feb.–Ende Nov. Di.–Sa. 9.00 bis 12.00 und 14.00–18.00 Uhr).

Umgebung

Längs des Flüsschens **Jabron** im Südwesten von Sisteron reiht sich auf einer Strecke von knapp 20 km gut ein halbes Dutzend Burgen und Burgruinen. 2 km westlich von Bevons, etwa auf Höhe des Château de Pécoule, zweigt in südlicher Richtung ein Serpentinensträßchen ab und führt die **Montagne de Lure** hinauf bis zu einer Aussichtshöhe von mehr als 1800 m und zur Kirche Notre-Dame de Lure (Klostergründung 1165). Etwa 20 km südlich von Sisteron erstaunen am Ostufer der Durance die **Rochers des Mées**, eine bizarre Felsformation, um die sich Sagen ranken.

Information

Office de Tourisme de Sisteron
Hotel de Ville (Rathaus), 04200 Sisteron
Tel. 04 92 61 36 50, www.sisteron.com

Infos

Tipp

Themenwege

Dignes **Musée-Promenade** ca. 4 km nördlich des Zentrums besteht aus dem großzügigen Parc St-Benoît mit Themenwegen, die allmählich zu den Ausstellungsgebäuden der Réserve géologique de Haute-Provence führen. In ihr ist die mehr als 300 Mio. Jahre alte Vergangenheit der Region zu entdecken. Kaskaden und Bäche, lauschige Picknickplätze und zeitgenössische künstlerische Installationen vereinen sich in dem Spaziermuseum mit einer superben Kollektion von Ammoniten und anderen Fossilien.

10, Montée Bernard Dellacasagrande, www.resgeol04.org

03 DIGNE-LES-BAINS

Vor der Silhouette eines grünen Kegelbergs erstreckt sich das historische Kurstädtchen. Bereits die Römer nutzten das Thermalwasser an der Grenze zwischen Alpen und Provence.

Sehenswert

Gesundheit und Wellness in modernster Form prägen heute den Alltag von Digne-les-Bains, das aufgrund seiner Höhenlage (650 m) und der nahen Route de la lavande (s. S. 107) klare Luft und Pflanzenduft als weitere Heilmittel anbieten kann. Geteilt in eine **Unterstadt** *(cité)* um die neogotische Kathedrale St-Jérome und das ursprünglich befestigte **Bourg**, überrascht der mittelalterliche Bischofssitz mit hübschen, von Platanen beschatteten **Boulevards** sowie einer lebendigen Atmosphäre. Ein sehr schönes Beispiel romanischer Baukunst (mit gotischen Details) gibt die **Kathedrale Notre-Dame-du-Bourg** aus dem 13. Jh. Nördlich vom Boulevard Gassendi findet sich der **Jardin botanique des Cordeliers,** der Garten des ehemaligen Franziskanerklosters (Collège Maria Borrély, Mitte März–Mitte Nov.).

Museen

Am Rand der „neuen" Stadt, der *cité*, ist in einem Palais aus dem 17. Jh. das **Musée Gassendi** untergebracht; es birgt Kunst aus den bischöflichen Sammlungen des 15. bis 18. Jh.s, Werke provenzalischer Maler des 19. Jh.s sowie zeitgenössische Kunst zum Thema Mensch und Umwelt (Blvd. Gassendi, www.musee-gassendi. org, tgl. Mi.–Mo. 11.00–19.00, Okt.–März 13.30 bis 17.30 Uhr). Das Haus „Samten-Dzong" der wohl berühmtesten Asien-Reisenden und For-

scherin des 19. Jh.s, **Alexandra David Néel,** widmet sich als **Museum** der tibetanischen Kultur (Ave. Maréchal Juin, alexandra-david-neel.com, Führungen tgl. 10.00, 14.00 und 15.30, Okt.–Juni wochentags nur 14.00 und 15.30 Uhr).

Hotel

Familiär, mit Restaurant und schönem Park (aber nahe einer Ausfallstraße) präsentiert sich die **€/€€ Villa Gaia** (24, Route de Nice, Tel. 04 92 31 21 60, www.hotel-villagaia-digne.com).

Ausflug

Am 14. August 1891 stieß der **Train des Pignes,** der Pinienzapfenzug, erstmals sein weißes Dampfsignal aus. Heute können Wanderer alle drei bis fünf Kilometer aus- und zusteigen. Mehr als 50 Tunnels, Viadukte und Brücken liegen heute auf seiner über 150 km reichenden Strecke durch die abwechslungsreiche Landschaft zwischen Digne und Nizza (3 Std.). Sie wird tgl. befahren, allerdings nur zwischen Mai und Oktober wird auf dem zentralen Teilstück Puget-Théniers – Annot eine Dampflokomotive eingesetzt (www.trainprovence.com).

Umgebung

Vor den Toren von Digne erstreckt sich auf mehr als 190 000 ha die **Réserve naturelle géologique de Haute-Provence,** eine Schutzzone von geologischem Interesse, zu der mehrere geologische Stätten zählen.

Information

Office de Tourisme Digne-les-Bains, Place du Tampinet, 04001 Digne-les-Bains, Tel. 04 92 36 62 62, www.ot-dignelesbains.fr

04 FORCALQUIER

Weithin sichtbar thront die Chapelle Notre-Dame-de-Provence auf dem bewaldeten Zitadellenhügel von Forcalquier, wo aus einem Kalkfelsen einst eine Quelle („font calquier") entsprang.

Sehenswert

Als Teil der ehemaligen Verteidigungsanlagen reckt sich die trutzige **Kirche Notre-Dame de Bourguet** (12. Jh.) am gleichnamigen Haupt- und Marktplatz des Städtchens empor, der mit Cafés an der Stirnseite aufwartet. Durch die Gassen des einstigen jüdischen Viertels um die Placette de Cordeliers gelangt man zur **Porte des Cordeliers** (14. Jh.), dem letzten der einst sechs Stadttore. Dahinter liegt das heute universitär genutzte Franziskanerkloster aus dem 13. Jh., der **Couvent des Cordeliers.** Der **Zitadellenhügel** bietet einen traumhaften Panoramablick, jeden Sonntag um 11.30 Uhr erklingt

zudem von dort eines der wenigen noch handbetriebenen Glockenspiele der Provence.

Aktivitäten

Auf einer **Ballonfahrt** lassen sich die Schönheiten des Pays de Forcalquier aus der Vogelperspektive betrachten (Info und Reservierung über das Tourismusbüro).

Umgebung

Mittelalterliche Festungsdörfer, romanische Kirchen und Kapellen, prächtige Landsitze charakterisieren die abwechslungsreiche Region des Pays de Forcalquier zwischen dem kargen Lure-Gebirge und dem Luberon, so die **Abtei von Ganagobie** (15 km nordöstl.; www.ndganagobie.com, Di.–So. 15.00–17.00 Uhr). Einzigartige mittelalterliche Mosaike (12. Jh.) in Erdtönen schmücken den Fußboden im Altarbereich der Kirche dieser Benediktinerabtei. Die **Priorei von Salagon** westlich von **Mane** bietet auch ein kleines ethnologisches Museum in ihren Mauern (www.musee-de-salagon.com, Mi.–Mo. ab 10.00 Uhr). Das ebenfalls bei Mane (4 km südl.) erbaute **Château de Sauvan** (18. Jh.) liegt in einem weitläufigen

Tipp

Gastliche Mönche

Die Mönche des **Klosters Ganagobie** pflegen die Gastfreundschaft mit einem eigens dafür zuständigen Herbergsvater *(père hotelier).* 12 Einzel- und 2 Doppelzimmer stehen in der Priorei zur Verfügung, der Mindestaufenthalt beträgt zwei Tage. Willkommen sind Personen beiderlei Geschlechts ab einem Alter von 18 Jahren. Der Übernachtungspreis beinhaltet Vollpension (ca. 30 €, frühzeitig reservieren!). Die Männer essen, falls gewünscht, mit den Mönchen im Refektorium, die Damen im Hoteltrakt.

Tel. 04 92 68 12 10, p.hotelier@ndganagobie.com

Park (Führungen; Mitte Nov. bis Ende Jan. geschl.). Das **Observatoire de Haute-Provence** nördlich von **St-Michel-l'Observatoire** zählt zu den wichtigsten Observatorien in Europa (Reservierung über www.saintmichel lobservatoire.com oder über das Astronomie-Zentrum, www.centre-astro.fr, April–Nov. Mi. 14.00–16.00 Uhr, Juli/Aug. Di.–Do. 14.00–17.00 Uhr). Rund 24 km nordwestlich verheißt das Städtchen **Banon** provenzalisches Flair. 18 m hoch ist die Rotunde des Turms im Schloss von **Simiane-la-Rotonde** (11 km südl.; www.simi ane-la-rotonde.fr).

Information

Office de Tourisme Intercommunal de Forcalquier, 13, Place du Bourguet, 04300 Forcalquier, Tel. 04 92 75 10 02, www.forcalquier.com

05 MANOSQUE

Dominiert von der grünen Kuppe des Mont d'Or, schmiegt sich Manosque in das breite Tal der Durance. Die erstmals zur Sarazenenzeit urkundlich erwähnte Heimatstadt von Jean Giono bewahrte in einem Gürtel moderner Industrieansiedlungen ihre hübsche Altstadt.

Sehenswert

Markantes Wahrzeichen ist die **Porte Saunerie** im Süden, ein original erhaltenes Stadttor (12. Jh.). Im Innern der von Läden und Bistros dominierten Altstadt stehen die **Église St-Sauveur** (12./13. Jh.) – mit gotischem Portal, romanischem Schiff und dem typisch provenzalischen eisernen Glockenstuhl – sowie an der **Place de l'Hôtel de Ville** die romanische **Église Notre-Dame de Romigier** mit Renaissanceportal. Das **Wohnhaus von Jean Giono**, Lou Paraïs, befindet sich in der Montée des Vraies Richesses (Fr. 14.30–17.00 Uhr nach Voranm., Tel. 04 92 87 73 03). Im Literatur- und Kulturzentrum **Centre Jean Giono** thematisieren 45 Tafeln Leben und Werk des berühmten Autors (1, Blvd. Elémir Bourges, www.centre jeangiono.com, variable Öffnungszeiten).

Umgebung

Um die Maison de la Biodiversité erstrecken sich etwa 2,5 km vom Stadtzentrum die Gärten von **La Thomassine** mit rund 300 alten Obstsorten und 5000 ha Anbaufläche für historisches Gemüse (Führungen, Tel. 04 92 87 74 40).

Information

Office de Tourisme de Manosque, 16, Place du Docteur Joubert, 04100 Manosque, Tel. 04 92 72 16 00, www.manosque-tourisme.com

DuMont Aktiv

Wandern zur Natur-Kunst

Andy Goldsworthy gilt als einer der wichtigsten Vertreter der Naturkunst, einer Variante der Land-Art. In der Hochprovence hat er für sein Projekt Refuges d'art seit Ende der 1990er-Jahre historische Pfade und verlassene Bauten restauriert, die er dann mit einem Kunstwerk versah. Ein 150 km langer, ganz besonderer Wanderweg ist so entstanden.

Eine Dreiviertelstunde geht es von Draix der gelben Markierung folgend durch Wiesengrün hinunter zur Brücke, dann bergan durch dichten Wald. Mit einem Mal öffnet sich die Landschaft und die Ferme Belon liegt vor dem Wanderer. Wie ein gemauertes Nest „klebt" das Steinhäuschen am Hang. Das alte, befestigte Bauernhaus ist eine der von Andy Goldsworthy bislang realisierten „Refuges d'art" – und eines, in dem man übernachten kann. Den Schlüssel gibt's beim Tourismusamt von Digne, Feuerholz ist vorhanden, der Schlafsack mitzubringen.

Der Natur und der Kunst verbunden

STILLSTAND UND AKTION

Den Augen bietet sich zunächst nur ein kavernenartiger Raum mit einer gemauerten Feuerstelle und ein paar Holzmöbeln. Doch eine moderne Holztreppe führt ins flache, fast fensterlose Untergeschoss. Aus der Dämmerung schält sich dort allmählich eine Reihe schneeweißer Bögen, aus groben Steinblöcken gefertigt. Welch eine Überraschung! Fast meint man diese architektonischen „Phantome" in Bewegung zu sehen, ein Kreisen wahrzunehmen. Ein starker Kontrast zur sonnenerfüllten Natur da draußen …

Beisammensein im Schein der Kerzen

WEITERE INFORMATIONEN

Planung: Wanderer können die nicht immer gut beschilderte Route ganz individuell begehen (Routen siehe www.refugesart.fr, in frz. und engl. Sprache).
Jean Pierre Brovelli und sein Team bieten geführte Touren ab/bis Digne an: 5 Tage (Gehzeit tgl. ca. 5 Std.) inkl. Gepäcktransport, Transfers, Unterkunft (in Gîtes und auf Bauernhöfen) sowie Verpflegung 660 Euro

*Etoile Rando
Seyne les Alpes
Tel. 04 92 35 37 38,
www.etoile-rando.com*

Service

ANREISE

Mit dem Auto Von Deutschland aus erreicht man die Provence am schnellsten über die A 7 via Lyon und Valence in Richtung Montélimar, Avignon. Eine zweite, zeitintensivere, aber landschaftlich sehr eindrucksvolle Route führt von Grenoble über die historische Route Napoléon nach Aix. Empfehlenswert, aber teuer sind Autoreisezüge, die im Sommer von mehreren deutschen Städten nach Avignon fahren.

Mit dem Zug Seit Frühjahr 2012 fährt der Hochgeschwindigkeitszug TGV einmal am Tag von Frankfurt via Avignon und Aix-en-Provence direkt nach Marseille (7,45 Std.); auch von Köln oder Stuttgart geht es mit TGV/ICE via Mannheim/Karlsruhe recht zügig in Richtung Mittelmeer – zu Preisen schon ab 39 Euro für eine Strecke (www.bahn.de, www.tgv-europe.com, www.voyages-sncf.com).

Mit dem Flugzeug Als Linien-Carrier fliegen derzeit Air France Nonstop von Berlin (Tegel) und Lufthansa von Frankfurt und München den internationalen Flughafen Marseille–Marignane an (www.marseille-aeroport.fr). Marseille-Marignane ist mit einem Shuttlebus ab/bis Aix-en-Provence schnell zu erreichen (7,80 Euro). Weitere Expressbusse fahren u.a. von/nach Salon-de-Provence (einf. Fahrt 2,70 Euro). Der Shuttle vom Flughafen Marignane ins Zentrum von Marseille (Arc de Triomphe) kostet einfach 8,20 Euro, 8,80 Euro inkl. ÖPNV in der Stadt (www.navettemarseilleaeroport.com), Taxis sind demgegenüber teurer (ca. 40–50 Euro).

AUSKUNFT

Atout France /
Französische Zentrale für Tourismus
... in Deutschland
Postfach 10 01 28, 60001 Frankfurt am Main
info.de@rendezvousenfrance.com
www.rendezvousenfrance.com

... in Österreich
Tel. 01 5 03 28 92
info.at@rendezvousenfrance.com
http://at.rendezvousenfrance.com/de

... in der Schweiz
info.ch@rendezvousenfrance.com
http://ch.rendezvousenfrance.com/fr

Keine der drei Adressen hat Publikumsverkehr.

Regionales Fremdenverkehrsamt
Conseil régional de Provence-Alpes-Côte d'Azur, Hôtel de Région,

27, place Jules Guesde
13481 Marseille Cedex 20
Tel. 04 91 57 50 57
www.regionpaca.fr

AUTOFAHREN

Frankreichs Autobahnen sind mautpflichtig (Maut: „péage"). Die Höchstgeschwindigkeit auf der Autobahn beträgt 130 km/h, bei Regen 110 km/h, auf National- und Départemental-straßen (N, D) 90 km/h, bei Regen 80 km/h, in Ortschaften 50 km/h. Die Polizei kontrolliert sehr streng, überall sind feste Radaranlagen installiert, und schon bei geringen Tempoüberschreitungen werden hohe Geldbußen verhängt. Promillegrenze: 0,5. Sicherheitsgurte sind in Frankreich sowohl hinten als auch vorne Pflicht. Kinder unter 10 Jahren müssen in Kindersitzen angeschnallt werden. Seit Juli 2012 sind alle Autofahrer, auch Touristen, verpflichtet, ein Alkoholmessgerät mitzuführen.

ESSEN & TRINKEN

Exzellenter Wein, feinstes Öl, duftende Kräuter – voilà, die Basis für die provenzalische Küche. Dazu knackiges Gemüse, frischer Fisch von der Küste, zartes Lammfleisch aus Sisteron, Stierbacken oder die „Gardiane de toro" aus der Camargue, die legendären Trüffel des Tricastin (siehe S. 28 f.), zudem Honig, Ziegenkäse ... Früher als in anderen Regionen Frankreichs hat man sich im Süden auf Tradition und Qualität der Produkte besonnen; viele von ihnen tragen daher inzwischen das Bio-Label oder schmücken sich mit dem Etikett AOC (Appellation d'origine controlée). So weisen auch einige Olivenprodukte der Provence und Olivenöle das Gütesiegel auf.

Geschichte

um 600 v. Chr. Die Griechen gründen Massalia (Marseille).

um 400 v. Chr. Kelten dringen in das Land ein.

um 125 v. Chr. Die keltische Hauptstadt Entremont wird zerstört. An gleicher Stelle entsteht Aqua Sextiae (Aix-en-Provence).

58–51 v. Chr. Cäsar erobert Gallien.

1.–5. Jh. Blütezeit der Provence unter der Herrschaft der Römer

419–478 Westgoten und Burgunder besetzen das Gebiet südlich und nördlich der Durance.

739 Beginn der arabischen Invasion

843 Nach dem Vertrag von Verdun wird das Frankenreich geteilt; die Rhône wird zur Grenze zwischen Westfränkischem und Ostfränkischem Reich.

855–863 Das erste Königreich Provence entsteht.

12. Jh. Südfrankreich wird zur führenden Kulturregion des Abendlandes und zum Zentrum des Minnesangs.

1309 Für fast sieben Jahrzehnte übersiedelt der Heilige Stuhl von Rom nach Avignon.

15. Jh. Unter dem „guten" König René, dem letzten Anjou-Herrscher, haben Künste und Kultur erneut Hochkonjunktur in der Provence.

1482 Über die Provence herrscht nun Ludwig XI., 1489 wird sie dem französischen Königreich angegliedert.

16. Jh. Blutige Religionskriege gegen die Waldenser und die Protestanten (Hugenotten).

1720 Schwarze Pest in Marseille

1792 Ein Freiwilligenbataillon aus Marseille singt beim Sturm auf die Tuilerien in Paris Rouget de Lisles „Kriegslied der Rheinarmee". Unter der Bezeichnung „Marseillaise" wird es 1795 zur Nationalhymne Frankreichs erklärt.

1942 Deutsche Truppen besetzen die Provence, die die Alliierten zwei Jahre später befreien.

1947 Geburtsstunde der Theaterfestspiele von Avignon und des Opernfestivals von Aix-en-Provence

1983 Regionalreform: das Verwaltungsgebiet PACA wird gegründet, Provence-Alpes-Côtes d'Azur. Politisches Zentrum ist Marseille.

1991 Der Tauchlehrer Henri Cosquer entdeckt bei Cassis in einer Grotte 18 000 bis 27 000 Jahre alte Felsmalereien.

2001 Einweihung der Trasse für den Hochgeschwindigkeitszug TGV Paris–Marseille

2006 Der Flughafen Marseille-Marignane erhält einen neuen Terminal (MP2).

2007 Marseille weiht den ersten Abschnitt seines Straßenbahnnetzes ein und knüpft damit an die historische Beförderungstradition der Stadt an.

2008 Die Autobahnen Marseille – Lyon und Marseille – Toulon werden durch einen Tunnel verbunden.

2012 Eröffnung der direkten TGV-Verbindung Frankfurt – Marseille

2013 Marseille ist Kulturhauptstadt (mit Košice in der Slowakei).

Schier endlos breiten sich die Lavendelfelder in manchen Teilen der Provence aus.

Einfachheit und Luxus vereinen sich auf den Tischen der Provence – angefangen bei der „Aigo boulido" (wörtl. kochendes Wasser), einer köstlichen Knoblauchsuppe mit Thymian, Lorbeer und Salbei, über die mit reichlich Basilikum *(pesto)* aromatisierte „Soupe au pistou" aus verschiedenen Gemüsesorten und die ursprünglich schlichte „Bouillabaisse" bis hin zum klassischen Rindfleisch – „Agout daube provençale" und „Pieds-et-paquets". Für Letztere schmoren mit Fleisch und Gewürzen gefüllte Lammkutteln und Lammhaxen stundenlang mit Knoblauch, Kräutern, Speck und Tomaten in Weißwein oder Bouillon, um schließlich als kleine Pakete serviert zu werden.

Zum Verdauen all der Köstlichkeiten bietet sich ein provenzalischer Schnaps an, z. B. die klassische 40-prozentige „Farigoule" aus Thymian oder einer der Tresterbrände wie etwa die Gnôle (gesprochen: „Njoll"), fermentiert und destilliert aus roten Trauben.

FESTE UND FEIERTAGE

Feiertage
1. Januar, Ostermontag, 1. Mai, 8. Mai: Kriegsende 1945, Christi Himmelfahrt, 14. Juli: Nationalfeiertag, 15. August: Mariä Himmelfahrt, 1. November: Allerheiligen, 11. November: Kriegsende 1918, 25. Dezember: Weihnachten

Große Feste und Festivals
La Feria de Pâques, Auftakt der Stierkampfsaison, Arles (Ostern)
Zigeunerwallfahrt, Stes-Maries-de-la-Mer (Mai)
Opernfestspiele, Aix-en-Provence (Juli)
Festival d'Avignon (Juli)
Chorégies d'Orange (Juli/August)
Marché flottant, L'Isle-sur-la-Sorgue (August)
Fiesta des Suds, Marseille (Oktober)
Abstieg der Hirten zur provenzalischen Krippe, Allauch (Dezember)

FLUSSKREUZFAHRTEN

Die einst als unbezähmbar geltende Rhône ist heute auf das Angenehmste mit dem Schiff zu befahren. Viele Reedereien bieten nicht nur Tagestouren, sondern auch Ausflüge über mehrere Tage in Hotelschiffen an. Auskünfte erteilen u. a. die Tourismusbüros von Avignon, Arles und Stes-Maries-de-la-Mer.

GELD

Zahlungsmittel im EU-Land Frankreich ist der Euro. Geldautomaten findet man fast überall. Kreditkarten (vor allem Eurocard und Visa) werden in großen Hotels, Restaurants, in vielen Geschäften, Supermärkten, Tankstellen sowie an den Mautstellen der Autobahn angenommen.

HOTELS

Die vielen Unterkunftsmöglichkeiten in der Provence umfassen Luxushotels wie einfache Stadtherbergen, ländliche „Gîtes ruraux" in Bauerngehöften, Ferienhäuser, Campingplätze. „Gîtes ruraux" und Ferienhäuser müssen meist für eine Woche gemietet werden. Verbreitet

Preiskategorien

€€€€	Doppelzimmer	über 200 €
€€€	Doppelzimmer	150–200 €
€€	Doppelzimmer	100–150 €
€	Doppelzimmer	50–100 €

sind „Chambres d'hôtes", private Gästezimmer. Ihr Ambiente reicht von schlicht („à la ferme") bis edel. Sie sind in der Regel tageweise zu mieten. In vielen der Chambres wird auch die „table d'hôtes" angeboten, das gemeinsame abendliche Mahl der Gäste.

LITERATUR

Baedeker Reiseführer Provence, Côte d'Azur (Ostfildern 2013): Alles rund um Kultur, Kunst, Sehenswürdigkeiten, aber auch Genuss ist hier zu finden. Ausführliche Städtebeschreibungen, gutes Kartenmaterial.

Jean Bagnol: Commissaire Mazan und die Erben des Marquis (Knaur 2013): Die Drogenfahnderin Zadira Matéo wird in ein beschauliches provenzalisches Winzerdorf abgeschoben. Als die Leiche einer jungen Frau auftaucht, wird eine streunende Katze zum Ermittlungspartner der Polizistin …

Stefan Brändle: Im Licht der Provence – Maler und Dichter im Midi (Ditzingen 2010): Der Zürcher Frankreichkorrespondent hat sich auf die Spuren von sechs Künstlern begeben – darunter natürlich Vincent van Gogh und Paul Cézanne, aber auch René Char und Jean Giono.

DuMont Reise-Handbuch Reiseführer Provence, Côte d'Azur (Ostfildern 2011): Frankreichkenner Klaus Simon hat eine Fülle an Tipps für Aktivitäten und besondere Erlebnisse sowie zahlreiche Hintergrundinformationen zusammengetragen.

DuMont Reise-Taschenbuch Provence (Susanne Tschirner, Ostfildern 2014:) Schneller und unkomplizierter Einstieg in die Region, mit Daten, Essays, Entdeckungstouren und Lieblingsadressen der Autorin

Georg Henke: DuMont Wanderführer Provence (Ostfildern 2012): 32 Tages- und drei Mehrtagestouren über alte Maultierwege und Macchiapfade zwischen Rhônetal und Verdon-Schlucht; mit Karte und Höhenprofil.

Rita Henß: Ein Jahr in der Provence (Herder, Freiburg 2013): Erzählerische Reise in den All-

Service

tag, mit Themen wie Weinlese, Künstler einst und jetzt, öffentliche Verkehrsmittel uvm.

Jean-Claude Izzo: Mein Marseille (Unions Verlag, Freiburg, 2010): Die geheime Heldin aller Romane von Jean-Claude Izzo war stets Marseille. Diese Texte aus dem Nachlass des im Jahr 2000 verstorbenen Autors erzählen von den Menschen, dem Licht und den Farben seiner Heimatstadt.

Pierre Magnan: Laviolette auf Trüffelsuche (Frankfurt a. M. 2008): Die Geschichte um das Trüffelschwein Rosaline und seine nicht nur botanischen Funde ist ein wunderbarer Einstieg in die Welt des eigenwilligen Kriminalkommissars.

Marcel Pagnol: Eine Kindheit in der Provence (München 2007): Seine Bücher atmen tatsächlich den Duft von Rosmarin und Lavendel – in diesem Buch erinnert sich Pagnol an die Ferien, die er mit seiner liebenswert-chaotischen Familie in Onkel Jules' abgelegenem Haus verbrachte.

NOTRUF

Allgemeiner Notruf für Polizei (Police Secours), Krankenwagen/Unfallrettung (SAMU), Feuerwehr (pompiers): 17

REISEZEIT

Am schönsten ist es in der Provence im Mai und Juni, wenn die Mohnfelder blühen und der Lavendel (oft erst Anfang Juli). Im Sommer strahlt die Sonne sowohl an der Küste als auch im Inneren der Region sehr intensiv; Tagestemperaturen von mehr als 30 °C sind keine Seltenheit. Angenehm vom Klima her ist oft wieder der September. Die provenzalischen Winter schwanken zwischen mild und kalt – der Mis-

Van Gogh war Gast im Café de la Nuit in Arles.

tral (der oft bis in den Mai hinein weht) lässt die Temperaturen sehr schnell fallen, und zwar durchaus auch unter 0 °C.

RESTAURANTS

Die Provence ist ein kulinarisches Paradies. Kaum anderswo in Frankreich drängen sich die Spitzenköche so dicht. Viele der hochgelobten Küchenchefs haben inzwischen günstigere Bistro-Ableger zu ihren meist hochpreisigen Restaurants ins Leben gerufen und junge Talente feilen vielerorts auf bezahlbarem Niveau an der zeitgenössischen Interpretation regional verwurzelter Aromen. Alteingesessene Patrons und Patronnes halten zudem die Tradition der „Cuisine du terroir" in Dorfgasthöfen in Ehren; hungrige Wanderer und Radler finden in den „Fermes Auberges" meist bäuerliche Kost, die den Geldbeutel kaum belastet.
Es lässt sich aber auch Fast Food genießen: Das erste provenzalische Lokal dieser Art (manjo-léu) bietet beispielsweise Sandwiches mit Stierfleisch oder eine Limonade aus der Region (Le carré des gourmands, Zac de la Gare in St-Rémy).

Preiskategorien

€€€€	Menu	über 50 €
€€€	Menu	30–50 €
€€	Menu	20–30 €
€	Menu	10–20 €

SPORT

Vom Ventoux zum Verdon, von den Hügeln der Alpilles zum Tal des Buëch bietet die Provence ein außergewöhnliches Spektrum an Sportmöglichkeiten. Die wichtigsten sind Wasseraktivitäten (Kanu, Kajak, Rafting, Canyoning, Surfen, Segeln), Wandern, Radfahren und Klettern. Auch Drachenflieger, Reiter und Golfer kommen auf ihre Kosten.

Wandern Für Langstreckenwanderer hat die Region zahlreiche Große Wanderwege ausgeschildert, die sogenannten GR („Grandes Routes"). Sie verlaufen u. a. durch den Verdon, das Lure-Gebirge, auf den Mont Ventoux etc. Andere Pfade schlängeln sich an der Küste entlang (z. B. auf den Felsen der Corniche des Crêtes zwischen Cassis und La Ciotat), führen zu berühmten Malerstätten, auf die einsamen Kämme des Grand und Petit Luberon oder in die Weite der Camargue. Allein im Departement Vaucluse sind 4000 km Wanderwege aus-

Reisedaten

Provence

Flug von Deutschland
Zum Beispiel München-Marseille bzw. Frankfurt-Marseille Linie ab ca. 110 Euro, Berlin-Marseille ab ca. 130 Euro)
Inlandsverkehr
Busfahrt Aix-en-Provence–Marseille 5,70 Euro
Reisepapiere
EU-Bürger: Reisepass oder Personalausweis, Führerschein, Grüne Versicherungskarte
Devisen
Euro
Mietwagen
ab 31 Euro pro Tag
(unbegrenzte Kilometer)
Benzin
1 Liter Super ab ca. 1,47 Euro
Ortszeit
MEZ / MSZ

geschildert. Die Markierungen sind in den letzten Jahren merkbar besser geworden; dennoch kann es vorkommen, dass sie unvollständig sind, zerstört, verwittert oder nicht ganz schlüssig. Die besten Wanderzeiten sind von etwa Ostern bis Ende Mai und Sept./Okt. Im Sommer ist es oft zu heiß, zumal die meisten Wanderungen wenige schattige Passagen haben. Auch sind Wege zum Teil wegen der großen Waldbrandgefahr im Juli und August eingeschränkt begehbar (nur zwischen 6.00 und 11.00 Uhr) oder ganz gesperrt (z. B. in den Alpilles und den Calanques).

Radfahren Radsportfans können in der Provence gleich an mehreren Stellen den Spuren ihrer Champions folgen.
Zu den größten Herausforderungen, die durch die Tour de France Berühmtheit erlangten, zählt der Mont Ventoux mit seiner kahlen, fast 2000 m hohen Kuppe. Hunderte von Rennrad-Amateuren strampeln im Sommer auf den verschiedenen Routen zum Gipfel.
Deutlich weniger anstrengend ist die rund 200 km lange, durchgehend ausgeschilderte Radwanderstrecke durch den Luberon von Cavaillon über Apt, Forcalquier, Manosque und Lourmarin oder der knapp 40 km lange Rundkurs um Valréas im Norden. Stets im gleichen Gang lässt sich schließlich die völlig ebene Camargue durchfahren.
Mountainbiker finden in den Alpilles, im Var und im Departement Alpes-de-Haute-Provence mehrere Hundert Kilometer Pisten.

Marseille ist beliebter Anlaufpunkt für Mittelmeerkreuzfahrten.

Kanu & Kajak Sturzbäche, Wasserfälle, Canyons und Schluchten – die Kräfte fließenden Wassers haben die Region Provence-Alpes-Côtes d'Azur vom Plateau de Vaucluse bis zu den Südalpen geprägt und sie zu einem Dorado für Wassersportler gemacht. Paddeln, Wildwasserfahren, Rafting und Canyoning: alles ist möglich. Eines der bekanntesten und schönsten Reviere für abenteuerliche Wassersportarten ist der Verdon mit seinem berühmten Canyon. Seine Stromschnellen tragen so vielversprechende Namen wie „Niagara", „Styx" und „Souricière". Für weniger anspruchsvolle Kanuten und Kajakfahrer bzw. Flussausflüge mit Kindern eignet sich z. B. die Sorgue im Departement Vaucluse.

Klettern Für Extremkletterer in Europa sind die Schluchten des Verdon das wohl begehrteste Ziel. Knapp tausend Strecken aller Schwierigkeitsgrade sind in den Kalkfelsen hoch über dem Fluss eingerichtet. Kultstatus hat die Falaise de l'Escalès, eine 300 m hohe senkrechte Wand, ohne Möglichkeit auszuruhen. Für Anfänger wie für Fortgeschrittene eignen sich die Felsen in der Montagne Ste-Victoire bei Aix und etwa in den Dentelles de Montmirail. Ein faszinierendes Klettergebiet sind auch die Wände der Calanques südlich von Marseille.

Reiten Auf dem Rücken weißer Pferde durch eine Landschaft zwischen Fluss und Meer zu galoppieren gehört zur Sehnsuchtsvorstellung vieler Camargue-Besucher. Wenn der Andrang im Sommer zu groß ist, wird aus der erhofften „Promenade à cheval" aber oft nur ein müder Minuten-Trott. Die Hochprovence können Reiter auf geführten Ausritten erkunden (z. B. von Forcalquier aus).

Surfen Für Surfer und Wellenreiter aller Niveaus eignen sich die Strände von Stes-Maries-de-la-Mer und Sausset (La Dalle) sowie Epluchure beach (Marseille). Surfer mittleren Könnens finden gute Wellen u. a. bei L' Arène (Cassis) und Colombet (Madrague). Die Spots für gute und sehr gute Surfer sind La Ciotat sowie die Marseiller Küste, v.a. Boutofolle (Madrague).

TELEFON

Ländervorwahlen Deutschland 0049, Österreich 0043, Schweiz 0041. Bei Telefonaten innerhalb der Provence immer die Zonennummer mitwählen (04). Es gibt in Frankreich fast nur noch Kartentelefone. Telefonkarten („une télécarte") gibt es in den Bureaux de tabac oder bei der Post (P.T.T.). Durch die neuen EU-Roaming-Gebühren (Eurotarif) gibt auch für Mobilfunk-Nutzer kaum noch erhöhte Kosten beim Telefonieren bzw. Versenden von SMS; für die Zukunft geplant ist ein kompletter Wegfall der Gebühren innerhalb der Euro Zone.

WELLNESS/THERMALBÄDER

In den Thermalbädern der Haute-Provence hat Wellness das klassische Kurwesen abgelöst beziehungsweise ergänzt die therapeutischen Anwendungen. Zum Standard gehören hier u.a. Aromatherapien und Fitnessofferten (www.chainethermale.fr).
Die keltisch-gallo-romanischen Höhlen-Thermalbäder von Gréoux-les-Bains haben die Besonderheit, das Heilwasser mit „schmerzlindernden" Schlammbädern und belebenden, kräftigenden Pflegebehandlungen zu verbin-

Daten und Fakten

Landschaft
Die historische Provence umfasst das Gebiet zwischen unterer Rhône, Mittelmeer und Voralpenland. Die mediterran geprägte Region ist weitgehend Gebirgsland, durchzogen von zahlreichen Flüssen. Die wichtigsten sind neben der Rhône ihr Nebenfluss Durance, der Verdon und die Sorgue. Südöstlich von Arles erstreckt sich die kahle Schotterebene der Crau, zwischen den beiden Mündungsarmen der Rhône und westlich der Petit Rhône dehnt sich die Schwemmlandschaft der Camargue mit Sümpfen, Salzflächen, Seen und Dünen. Die kalkhaltigen Hochebenen und Karst-Aufwerfungen der Provence (Plateau de Vaucluse, Plateau de Valensole, Chaîne des Alpilles) münden am Küstensaum in die vom Meer über Jahrtausende gefurchten Calanques.

Region
PACA – Région Provence-Alpes-Côte d'Azur; Gesamtfläche: ca. 32 000 km²; Einwohner: 4,8 Mio.
Departements sind Bouches-du-Rhône, Var, Vaucluse, Alpes-de-Haute-Provence, Hautes-Alpes und Alpes-Maritimes

Berge
Mont Ventoux (1912 m, höchster Berg)
Montagne Ste-Victoire (1011 m)
Massif de la Ste-Baume (994 m)
Grand/Petit Luberon (mittlere Höhe ca. 600 m; Gipfel Mourre Nègre, 1125 m)
Les Baronnies (969–1317 m)

Städte
Marseille (850 000 Einw., größte Stadt); Aix-en-Provence (140 000 Einw.); Avignon (90 000 Einw.); Arles (50 000 Einw.) Orange (30 000 Einw.)

Wirtschaft
Die Provence zählt inzwischen zu den großen Industriezentren Frankreichs. Moderne Landwirtschaft und Tourismus sind ebenfalls prägende Faktoren.

Sprache
Neben dem seit dem 16. Jh. offiziellen Französisch liest man (vor allem auf Orts- und Restaurantschildern) mitunter auch das Provenzalische *(prouvençau)*. Gesprochen wird diese Variante des Okzitanischen jedoch eher selten.

Service

Schmackhaftes Olivenöl in vielen Varianten

den (www.chainethermale.fr). Hydrotherapie-Angebote gibt es zudem in Aix-en-Provence. Die ehemaligen römischen Thermalbäder Sextius besitzen eine Warmwasserquelle, deren Wirkstoffe die natürlichen Körperfunktionen wieder anregen.

Das Thalassozentrum von Marseille ist in einem Schlösschen an der Corniche untergebracht (www.chateauberger.com).

Das Thalacap Camargue in Les Stes-Maries-de-la-Mer ist von einer im typischen Stil der Region eingerichteten 3-Sterne-Ferienwohnanlage umgeben (www.thalacap. com).

Auch in einigen Häusern der luxuriösen Relais & Châteaux-Vereinigung und Hotels der 4- und 5-Sterne-Kategorie stehen Wellness- und Beautyeinrichtungen zur Verfügung.

ZOLL

Im privaten Reiseverkehr innerhalb der EU dürfen Waren zum eigenen Verbrauch unbegrenzt mitgeführt werden. Es gelten die allgemeinen EU-Bestimmungen.

Wetterdaten

Marseille

	TAGES-TEMP. MAX.	NACHT-TEMP. MIN.	WASSER-TEMP.	TAGE MIT NIEDER-SCHLAG	SONNEN-STUNDEN PRO TAG
Januar	10°	2°	12°	7	4
Februar	12°	2°	12°	7	5
März	15°	5°	13°	6	6
April	18°	8°	13°	5	8
Mai	22°	11°	15°	6	10
Juni	26°	15°	18°	4	10
Juli	29°	17°	21°	2	12
August	28°	17°	21°	3	10
September	25°	15°	20°	4	8
Oktober	20°	10°	18°	5	6
November	15°	6°	16°	4	5
Dezember	11°	3°	14°	5	4

Zauberhafte Abendstimmung in der Camargue

Register

Impressum

3. Auflage 2014
© DuMont Reiseverlag, Ostfildern

Verlag: DuMont Reiseverlag, Postfach 3151, 73751 Ostfildern, Tel. 0711/4502-0, Fax 0711/4502-135, www.dumontreise.de
Geschäftsführer: Dr. Thomas Brinkmann, Dr. Stephanie Mair-Huydts
Programmleitung: Birgit Borowski
Redaktion: Robert Fischer (www.vrb-muenchen.de)
Text: Rita Henß
Exklusiv-Fotografie: Roland Gerth
Titelbild: Fantuz Olimpio/HUBER Images
Zusätzliches Bildmaterial: Bildagentur Huber/S. Raccanello 4 oben rechts, 36 oben, Bildagentur Huber/R. Maier 65 oben, DuMont Bildarchiv/Böttcher und Tiensch 55 (Special), dpa/Yann Crochet 65 unten, dpa/Burkhard Juettner 61 unten, dpa/Poisson d'Avril 60, Gourmet Network 44, laif/Gamma 76, laif/Tobias Gerber 51 oben, laif/Ian Hanning 39, laif/hemis.fr/Romain Cintract 8/9, laif/hemis.fr/Matthieu Colin 33 unten, laif/hemis.fr/Guiziou Franck 74 oben links, laif/hemis.fr/Pierre Jacques 40 oben links, laif/hemis.fr/Moirenc Camille 74 oben rechts, laif/Hemispheres 33 oben, 99 Mitte, 106 oben rechts, laif/Henseler 51 unten, laif/Krinitz 94, laif/Lange 77 oben rechts, laif/Emmanuel Valentin/Eyedea 106 oben links, Look/Karl Johaentges 47, Look/Jürgen Richter 14/15, 16/17, Look/travelstock44 104, Look/Uli Wiesmeier 10/11, Look/Heinz Wohner 12/13, mauritius images/allOver 34/35, mauritius images/Alamy 61 oben, 65 Mitte, 95 oben, mauritius/Garden Picture Library 4 unten rechts, 107, mauritius images/imagebroker/White Star/Monica Gumm 77 oben links, mauritius images/Photononstop 29 oben, mauritius images/Visa Image 116 oben, Saga-Photo/LOOK-foto 18/19, Willy van Sompel 31, 46, Stockfood/Eising 45, Stockfood/Norbert Kramer 81 oben, Stockfood/Chris Meier 29 unten, Stockfood/Laurence Toussaint 28, Stockfood/ Michael Waring 81 unten, The Bridgeman Art Library/Neue Pinakothek, München 85 oben, www.etoile-rando/ Brovelli JP 111 oben und unten, www.etoile-rando.com/Jean Paul Villegas 111 Mitte
Textquellen: Licht der Provence, hrsg. von Ingeborg Tetzlaff, 3. Aufl., Köln 1980, S. 96 (Zitat S. 37), 121 (S. 71), 152 (S. 101), 158 (S. 89), 173 (S. 25)
Grafische Konzeption, Art Direktion: fpm factor product münchen
Layout: Cyclus · Visuelle Kommunikation. Stuttgart
Kartografie: © MAIRDUMONT GmbH & Co. KG, Ostfildern
DuMont Bildarchiv: Marco-Polo-Straße 1, 73760 Ostfildern, Tel. 0711/4502-266, Fax 0711/4502-1006, bildarchiv@mairdumont.com

Für die Richtigkeit der in diesem DuMont Bildatlas angegebenen Daten – Adressen, Öffnungszeiten, Telefonnummern usw. – kann der Verlag keine Garantie übernehmen. Nachdruck, auch auszugsweise, nur mit vorheriger Genehmigung des Verlages. Erscheinungsweise: monatlich.

Anzeigenvermarktung: MAIRDUMONT MEDIA, Tel. 0711 450 23 33, Fax 0711 45 02 10 12, media@mairdumont.com, http://media.mairdumont.com
Vertrieb Zeitschriftenhandel: PARTNER Medienservices GmbH, Postfach 810420, 70521 Stuttgart, Tel. 0711 72 52-212, Fax 0711 72 52-320
Vertrieb Abonnement: Leserservice DuMont Bildatlas, Zenit Pressevertrieb GmbH, Postfach 810640, 70523 Stuttgart, Tel. 0180 572 72 52 265, Fax 0180 572 72 52 333, dumontreise@zenit-presse.de
Vertrieb Buchhandel und Einzelhefte: MAIRDUMONT GmbH & Co. KG, Marco-Polo-Straße 1, 73760 Ostfildern, Tel. 0711 45 02 0, Fax 0711 45 02 340
Reproduktionen: PPP Pre Print Partner GmbH & Co. KG, Köln
Druck und buchbinderische Verarbeitung: NEEF + STUMME premium printing GmbH & Co. KG, Wittingen, Printed in Germany

FSC
www.fsc.org
MIX
Papier aus verantwortungsvollen Quellen
FSC® C001857

Abendstimmung an der Mosel – hoch über Cochem thront das Wahrzeichen des Weinortes, die Reichsburg.

MOSEL

Städte am Fluss
Für Koblenz und Trier mit ihren Sehenswürdigkeiten sollte man sich Zeit nehmen.

Zeugen der Macht
Keine zweite Region in Europa kann sich so vieler prächtiger Burgen rühmen.

Flussreise im Kanadier
Sightseeing vom Wasser aus ist ein herrliches Vergnügen.

Kaum ein Istanbul-Besucher lässt sich die Schiffstour auf dem Bosporus entgehen.

ISTANBUL

Boomtown am Bosporus
Istanbul verändert sich rasant und punktet mit einer Mischung aus Orient und Okzident.

Szenetreffs
Die Clubszene hat einiges zu bieten und die Auswahl an trendigen Restaurants ist groß.

Feilschen muss sein
Auf dem Basar wird gehandelt, gefeilscht und Tee getrunken.

Lieferbare Ausgaben